# KLEINE RÄUME GESTALTEN

## TRAUMHAFTE WOHNIDEEN

Corinne Kuperberg
Fotos: Sylvie Durand

# INHALT

# MINI-APARTMENTS: KLEIN, ABER FEIN

Nicht selten ist ein kleines Apartment das erste eigene Zuhause. In einem Studio, einem Mini-Loft oder einer Zweizimmerwohnung richtet man sich für ein Jahr oder auch etwas länger ein, wenn man sich dort wohlfühlt. Angesichts einer geringen Quadratmeterzahl stellt sich bei der Einrichtung stets die Frage: Wie lässt sich Platz gewinnen? Ein Verschieben der Wände kommt nicht infrage, aber es gibt zahlreiche Kniffe, um kleine Räume optimal zu nutzen. Stauraum geschickt planen, das Volumen der Einrichtung optimieren, geeignete Materialien und Möbel wählen, mit Licht und Farben spielen – Sie werden in diesem Buch anhand konkreter Wohnungsbeispiele entdecken, mit welchen raffinierten Ideen die Einschränkungen kleiner Räume umgangen werden können.
Unterschiedliche Lösungsansätze zeigen, wie eine Wohnung alle gewünschten Funktionen erfüllen kann, dabei komfortabel und einladend ist und, nicht zuletzt, dem Lebensstil ihrer Bewohner entspricht. Vorher-Nachher-Vergleiche, Einrichtungstipps, Beispiele in Bildern, Grundrisse … Sie finden alles, was Sie brauchen, um sofort ans Werk zu gehen!

# EIN STUDENTENSTUDIO EINRICHTEN

## Die Räumlichkeit

Eine Einzimmerwohnung im obersten Stockwerk eines alten Gebäudes, direkt unter dem Dachboden.

## Die Aufgabe

Jeden Quadratmeter dieses kleinen Apartments optimal zu nutzen. Die Eigentümerin hat einen Architekten hinzugezogen.

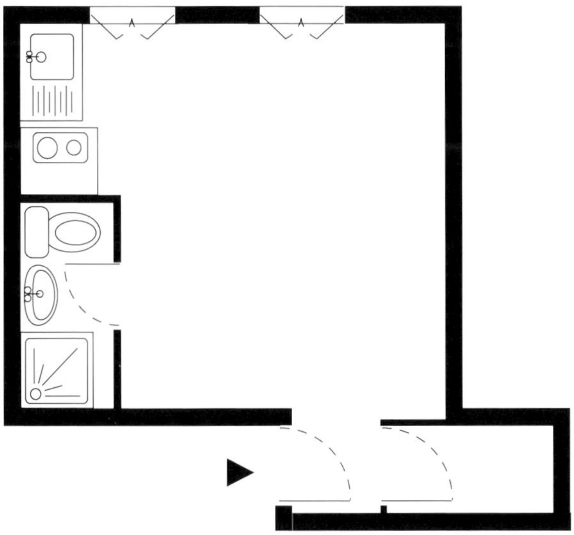

VORHER

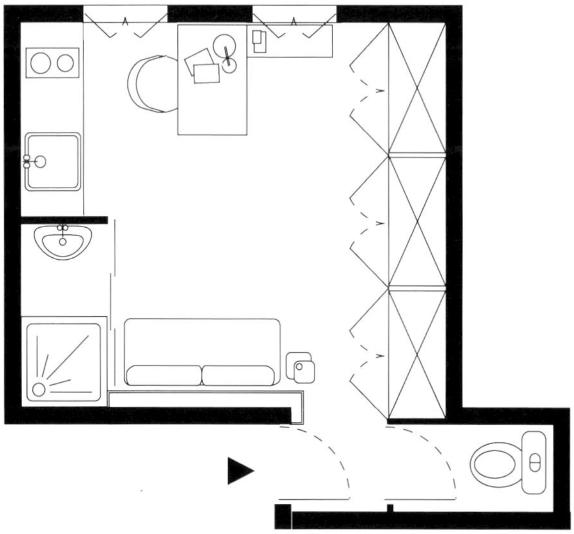

NACHHER

▲ Über dem Bettsofa erfüllt die goldgelb gestrichene Regalnische perfekt die Doppelrolle als dekoratives Element und als Kopfende des Betts.

▲ In Form und Farbe nüchtern, harmoniert diese Schrankwand mit der Kücheneinrichtung.

## Klein, aber gemütlich

Küche und Bad liegen an derselben Wand. Die offene Küche ist in den Raum integriert. Das Bad hingegen, mit Waschbecken und Dusche auf das Notwendigste reduziert, verbirgt sich hinter einer Schiebetür.
Gegenüber befindet sich eine die ganze Wand einnehmende Schrankwand, die an den kleinen Flur grenzt, wo sich auch das WC befindet.
Indem alle funktionalen Elemente – Küche und Bad, Stauräume, Ruhebereich, Schreibtisch – entlang der Wände angeordnet wurden, konnte die begehbare Fläche maximiert werden. So wirkt der Raum größer, als er tatsächlich ist.

## Wände mit Charakter

Die einfache, ja sogar minimalistische Einrichtung beruht auf der Dominanz der Farbe Weiß, die lediglich von wenigen gelben Elementen unterbrochen wird. In diesem fast quadratischen Raum ist es gelungen, durch die farbigen Nischen in den Wänden für Tiefenwirkung zu sorgen und Perspektiven zu erzeugen.
Denken Sie rechtzeitig daran, dass Nischen und Regale mitgeplant werden müssen, wenn eine Trennwand eingebaut werden soll. Diese lassen sich alternativ auch in einem stillgelegten Kaminabzug unterbringen.
Wie immer sorgt der Parkettboden für Natürlichkeit, Behaglichkeit und Komfort.

# ZU HAUSE ARBEITEN

Die Studio-Wohnung erfüllt mehrere Funktionen: Sie vereint Wohn- und Schlafraum, und sie bietet auch Platz zum Arbeiten, sei es, weil man studiert oder weil man seinen Beruf zu Hause ausübt. In einem kleinen Raum, der all diese Aufgaben erfüllen soll, heißen Ergonomie, Praktikabilität und Platzgewinn die obersten Maximen bei der Gestaltung des Arbeitsbereichs.

Ein in ein Regal integrierter, ausziehbarer Schreibtisch ist eine praktikable Lösung, sowohl in Hinblick auf den Platzgewinn als auch in puncto Bequemlichkeit. Planen Sie Schubladen unter der Arbeitsfläche ein und sehen Sie eine schwenkbare Schreibtischlampe mit Halteclip an der Kante der Arbeitsfläche vor.

Ein Stuhl auf Rollen oder ein Klappstuhl, der nach der Arbeit hinter einer Tür verstaut wird, bieten sich als Sitzgelegenheit an. Planen Sie genügend Steckdosen ein, um Ihre Elektrogeräte nicht ständig umstecken zu müssen. Auch verhindern Sie so, dass die Kabel sich zu unschönen Knäuels ineinander verheddern.

Willkommenen Stauraum bieten Ablagefächer, Zeitschriftenständer, Schachteln, Rollcontainer und natürlich Regale.

**► Ein hübsch bedruckter Schiebevorhang verbirgt geschickt Regale mit Ordnern.**

**▼ Bücherregal, Arbeitsplatz und eine ausziehbare Platte für ein Keyboard auf kleinstem Raum vereint.**

**▼ Dieser Schreibtisch ist mit seiner ausziehbaren Platte in das Regal integriert. Die Schubladen darunter bieten viel Stauraum.**

SEASIDE LIVING
LIBRES ET SAUVAGES

# DIE FUNKTIONSBEREICHE EINES STUDIOS TRENNEN

## Die Räumlichkeiten

Ein kleines Zweizimmer-Apartment ohne Bad und WC im obersten Stockwerk eines alten Gebäudes, das 15 Jahre unbewohnt war. Sein Trumpf: ein unverbaubarer Blick auf das Großstadtpanorama.

## Die Aufgabe

Die Eigentümerin, die viel auf Reisen ist, wünschte den Ausbau der Räume zu einem Studio, in dem sie sich zwischen zwei Flugreisen aufhalten und erholen kann. Sie zieht einen Bühnenbildner und einen Raumausstatter zurate. Die Arbeiten haben acht Monate gedauert.

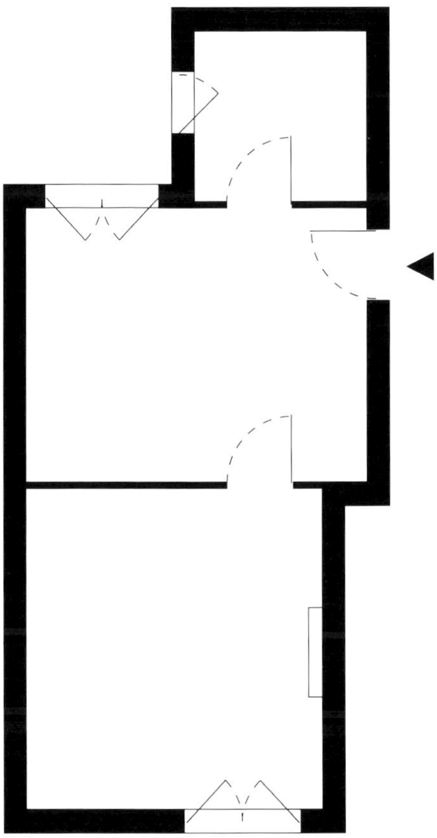

VORHER

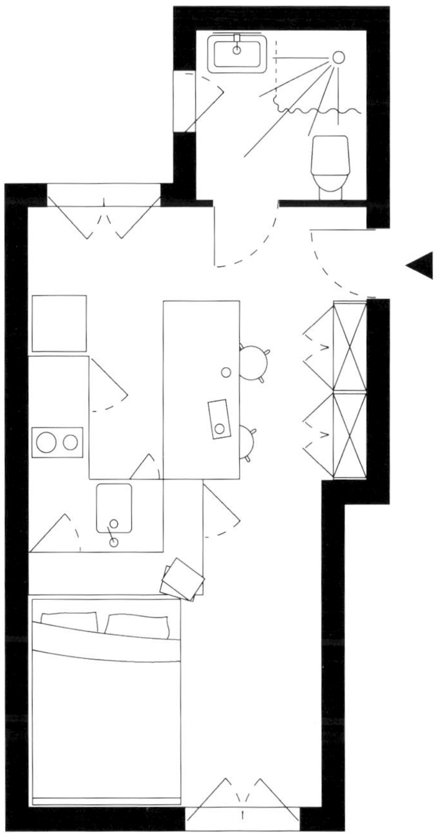

NACHHER

▲ Die Küche ist klein, aber mit allen notwendigen Elektrogeräten ausgestattet. An einer Seite grenzt sie an eine Schrankzeile, die als Raumteiler dient.

▲ Die Schrankfächer öffnen sich zur Spüle hin, sodass alles im Nu aufgeräumt ist.

## Den Eindruck von Weitläufigkeit erzeugen

Die Wand, die vormals Wohn- und Schlafzimmer trennte, wurde entfernt, sodass in das entstandene Studio von zwei Seiten Licht fällt. Die kleine Küche wurde herausgerissen, der Bodenbelag herausgeschlagen und die rohen Wände freigelegt, um ein Bad mit WC einzubauen.

Die beiden Kamine hat man entfernt, weil sie zu viel Platz wegnahmen.

An der Wand mit der Eingangstür befindet sich ein weiß lackierter Kleiderschrank aus MDF.

Das alte Parkett aus 10 cm breiten Stäben wurde durch einen Dielenboden aus 20 cm breiten Brettern aus geölter alter Eiche ersetzt. Um den Raum optisch zu verlängern, hat man die Bretter in Längsrichtung verlegt. Im Bad befindet sich eine italienische Dusche: Der Boden ist leicht geneigt, damit das Wasser abfließt. Die Tür aus Mattglas wahrt die Intimsphäre, lässt aber Licht durchscheinen.

► Die einzige Nische des Studios beherbergt einen großen Kleiderschrank, der die gesamte Raumhöhe einnimmt.

▼ **Im Schlafbereich verleihen Schrankelemente und Regalfächer diesem Möbel, das auch als Nachttisch dient, einen funktionalen Charakter.**

## Ein Möbelstück mit Doppelfunktion

Dieses von zwei Seiten nutzbare Möbelstück, das die Eigentümerin selbst entworfen hat, steht im Mittelpunkt des Studios. Es ist auf der einen Seite Teil der Küche und beherbergt die Spüle; gleichzeitig dient es als Sichtschutz. Tatsächlich sieht man vom Schlafbereich, an den es grenzt, die Küche nicht. Im Schlafbereich dient es als Staumöbel, Nachttisch und Bücherregal. Im Wohnbereich verlängert es sich zu einem Essplatz, an dem man bequem zu dritt eine Mahlzeit einnehmen kann.

## Die Materialien sind das Dekor

Zen, Zen, Zen! Weiß, Beige, helles Holz, Grau. Keine unnötigen Möbel oder Objekte, minimales Dekor. Nur die beiden Hängelampen, die eine grün, die andere orange, sind ein wenig verspielt. Eine solche Schlichtheit entsteht nur, wenn man den verwendeten Materialien ganz besondere Aufmerksamkeit widmet. Die Beleuchtung wird über einen Kontaktgeber gesteuert. Er ist in die Elektroinstallation integriert und führt die Steuerung aller Leuchtkörper zusammen, sodass sich der Raum durch das Licht inszenieren lässt.

▲ **Die kleinformatigen Bodenfliesen aus Keramik ermöglichen eine sanfte Neigung des Bodens zum Abfluss hin.**

## Frei stehende Möbel

▶ In kleinen Wohnungen kann man Möbel auch frei im Raum platzieren: So strukturieren sie das Zimmer und machen aufwendige Umbauarbeiten überflüssig. Kücheninseln erfüllen denselben Zweck. Eine ausgefallenere Idee ist eine im Schlafzimmer platzierte Badewanne.

▶ Bücherregale lassen sich als Raumteiler zwischen Wohn- und Essbereich nutzen und von beiden Seiten bestücken.

# FÜR GUTE BELEUCHTUNG SORGEN

In kleinen Räumen kommt der Beleuchtung eine große Bedeutung zu: Licht, ob natürlich oder künstlich, trägt dazu bei, den Raum zu modellieren.

In einem Raum, der in mehrere Funktionsbereiche aufgeteilt ist, sollte man ein zentrales Deckenlicht vermeiden und stattdessen mehrere Lichtquellen installieren.

Strahlerleisten sind sehr gebräuchlich in Nutzräumen wie Küche und Bad. Generell vergrößert gegen eine Wand oder die Decke gerichtetes Licht den Raum.

Wählen Sie für jeden Raumtyp ein anderes Licht: Schlafzimmer, Büroecke, Essplatz verlangen jeweils eine spezielle Beleuchtung. Schwenkbare Leuchten sind die einfachste Lösung, um das Licht exakt dort zu haben, wo es benötigt wird. Wenn Sie Möbel nach Maß anfertigen lassen, denken Sie daran, eine Beleuchtung zu integrieren. Im Inneren, oberhalb oder unterhalb der Schrankelemente angebracht, sind diese zusätzlichen Lichtquellen ebenso praktisch wie dekorativ.

Eine lohnenswerte Investition sind Dimmer, die die Lichtintensität der gewünschten Stimmung oder dem Bedarf anpassen.

Ein weiterer, nicht unbedeutender Verbündeter bei der Planung der Beleuchtung ist der Spiegel, oder auch ein anderes, das Licht reflektierende Material, wie zum Beispiel Keramik oder Marmor. Geschickt in Fensternähe angebracht, verstärkt es das natürliche Licht optimal.

**▲ Ein raffinierter Effekt entsteht durch eine in die Wand integrierte Neonbeleuchtung, die hinter einem Paravent verborgen ist.**

**▼ Einfach und dekorativ ist diese an der Wand angebrachte schwenkbare Lampe.**

# EINEN MULTIFUNKTIONALEN RAUM EINRICHTEN

## Die Räumlichkeit

Eine unausgebaute Fläche in der Zweigstelle eines ehemaligen Klosters aus dem 19. Jahrhundert, einzig mit Zuleitungen für Wasser und Strom versehen. Man musste von Grund auf beginnen! Der Eigentümer, Architekt und Designer, hatte fast uneingeschränkte Freiheit.

## Die Aufgabe

Einen Ort zum Arbeiten und kreativen Gestalten einzurichten, der gleichzeitig Showroom und Lebensraum ist, wo auch Gäste empfangen werden können.

VORHER

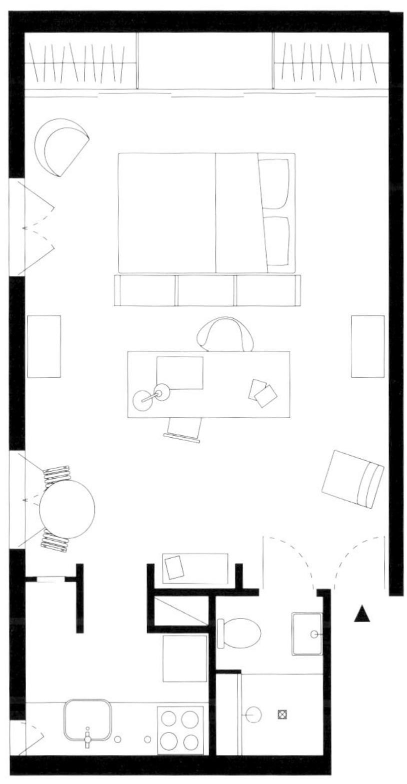

NACHHER

## Verstauen und abgrenzen

Die zentrale Idee dieser Räumlichkeit ist die Trennwand, die im oberen Bereich von beiden Seiten her offen ist und in deren Fächern Bücher und dekorative Objekte untergebracht sind. Aufseiten des Schlafbereichs ist diese Trennwand unten geschlossen und bildet das einzige feste Element, an das das Bett grenzt; ihre Seitenteile sind oben in die Deckenbalken eingebaut. Der Schreibtisch besticht durch seine Flexibilität. Wird Besuch erwartet, kann er einfach als Esstisch verwendet werden. Da er auf Räder montiert ist, lässt er sich problemlos verschieben.

▲ **Im Schlafbereich nimmt das Bett exakt die Breite der Trennwand ein, sodass es vom Wohnbereich aus nicht sichtbar ist.**

## Raum für Kreativität

Die Vorgabe für diese Räumlichkeiten lautete, dass der ästhetischen Gestaltung der Möbel und Objekte, sämtlich originale Kreationen, besondere Aufmerksamkeit gewidmet werden sollte. Um sie zur Geltung zu bringen, hat man sich für eine schlichte Raumgestaltung entschieden. Wände, Raumteiler und Schränke sind in Hellgrau und Weiß gehalten, der Boden ist schwarz.

Einzig die Farbe der Küchenwand ist von dieser Nüchternheit ausgenommen: Sie ist mit roten Glasmosaik gestaltet.

▼ **Im Wohnbereich dient die Trennwand als Regal für Bücher, Objekte und Unterlagen.**

▲ Die Küche ist ein separater Raum, hat aber keine Tür. Die maßgefertigten Küchenschränke sind aus MDF mit Seladonbeschichtung gefertigt. Einen Kontrast zu der strengen Formensprache bildet das kleine Ensemble aus Tisch und Stühlen mit ihrem originellen Geflecht.

▼ Die Schiebetüren des Kleiderschranks lassen sanft das Licht der im Inneren installierten Neonleuchten durchscheinen.

## Alt und doch modern

Um 35 cm Raumhöhe zu gewinnen, wurde die eingezogene Decke im Wohnzimmer entfernt, sodass die ursprünglichen Holzbalken zum Vorschein kamen. Diese hat man wie die Decke weiß gestrichen. In Küche und Bad ist die eingezogene Decke hingegen geblieben. Der Boden erhielt einen Estrich, der mit schwarzer Epoxidharzfarbe gestrichen wurde.

Ein gemauerter Vorsprung, der bis zur Decke reicht, verbirgt den Kamin und einen Teil der Küche. Wie die Zimmerdecke in subtilem Hellgrau gestrichen, erzeugt er als in den Raum ragendes Element die Illusion von Tiefe. In der Küche musste wegen der Korrektur eines ungünstig verlegten Wasserrohrs das gesamte Mobiliar angehoben werden.

Das Bad ist zwar klein, bietet aber Platz für eine 1,20 m breite Dusche. Die 5 x 5 cm großen Steingutfliesen lassen den Raum durch ihr rhythmisches Raster größer wirken. Das Schlafzimmer beschränkt sich auf ein Bett. Ein großer, tiefer Wandschrank mit lichtdurchlässigen Stegplatten aus Polycarbonat als Türen nimmt die gesamte hintere Wand ein.

# DER RICHTIGE BODENBELAG

In einer kleinen Wohnung spielt der Boden eine wichtige Rolle. Er sorgt in einem Raum, der mehreren Zwecken dient, für eine optische Einheitlichkeit. Hier erfahren Sie, welche Bodenbeläge schön und funktionell sind, ohne das Portemonnaie überzustrapazieren.

Auf einer sauberen Isolierschicht aus Beton mit einem guten Estrich kann man Linoleum von der Rolle oder, noch einfacher, als Fliesen verlegen. Es ist ein ökologisches Material, dessen zahlreiche Ausführungsarten sich mit vielen dekorativen Stilen kombinieren lassen.

Wenn der Boden eine glatte Isolierschicht besitzt, kann man ihn auch einfach mit Lack überziehen. Die geeigneten, auf Harzbasis erzeugten Lacke sind strapazierfähig, und eine große Farbauswahl ermöglicht es, den Boden harmonisch auf die Farbe der Wände, der Textilien oder der Möbel abzustimmen. Es empfiehlt sich, den Untergrund zunächst mit mehreren Schichten preiswerter Farbe zu sättigen und anschließend als letzte Schicht die gewählte Bodenfarbe aufzutragen.

Beschichtete Bodenbeläge sind preiswert, aber die meisten nutzen sich schnell ab. Eine höherwertige Lösung bietet Fertigparkett. Dessen sichtbare Oberfläche besteht aus einer Massivholzschicht, etwa 2–6 mm dick, die auf ein Trägermaterial, zum Beispiel eine Hartfaserplatte, geleimt ist. Fertigparkett ist preisgünstig, besitzt alle Vorzüge eines Holzbodens und lässt sich einfach verlegen.

Teppichboden ist hingegen für ein Studio wenig geeignet, es sei denn, man verlegt ihn nur im Schlafbereich.

**▲ Beton lässt sich durch Beimischung von Pigmenten einfärben, so kann man interessante Farb- und Materialeffekte erzielen.**

**▲ Fertigparkett wirkt natürlich und warm und ist durchaus bezahlbar.**

**▼ Weiche Bodenbeläge isolieren sehr gut gegen Kälte und Lärm. Dieser Belag aus Polyurethanharz ist ein erstaunlich gutes Parkettimitat.**

# DEN WOHNRAUM MIT EINEM KIND TEILEN

## Die Räumlichkeiten

Eine kleine Zweizimmerwohnung mit vielen Fenstern. Die ursprüngliche Raumaufteilung hat die Raumnutzung stark eingeschränkt. Die im zweiten Stock eines alten Gebäudes gelegene Wohnung blickt zur einen Seite auf eine kleine, ruhige Straße und zur anderen auf einen Hof.

## Die Aufgabe

Den Wohnraum gestalten für eine Person, die gern Besuch empfängt, und ein Kind, das sich zurückziehen können soll. Ein Innenarchitekt hat trotz eines begrenzten Budgets eine optimale Lösung erarbeitet. Der Umbau dauerte drei Monate.

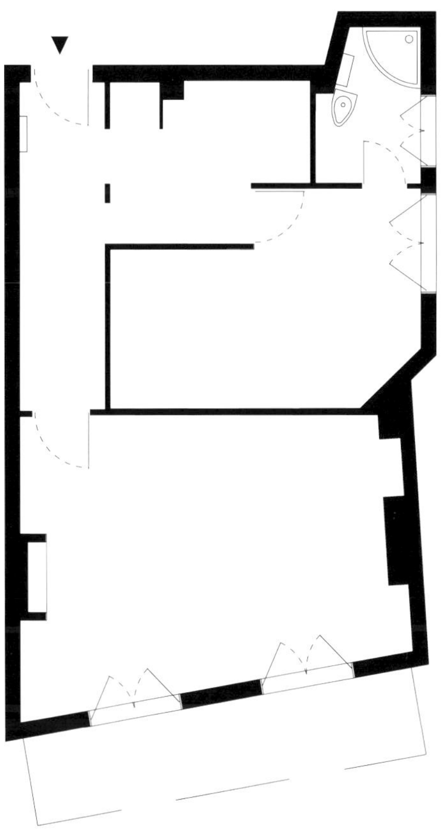

Vorher

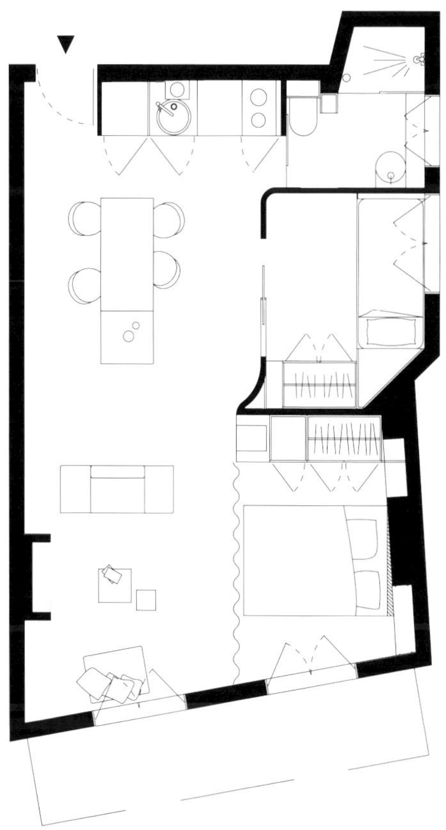

Nachher

▲ Das Sofa ist ideal, um einen offenen Raum in zwei Bereiche zu unterteilen.

▼ Der Backofen ist unter einer Arbeitsfläche eingebaut, die in der Verlängerung in den Esstisch übergeht: eine elegante und einfallsreiche Maßarbeit.

## Raum für zwei, optimal genutzt

Raus mit den Wänden, ein neuer großer Raum muss her! Der Architekt hat in einem einzigen Raum Küche, Essbereich und Schlafzimmer untergebracht. Das hinter der sanft geschwungenen Wand gelegene Kinderzimmer ist durch eine Schiebetür abgetrennt. Die Gestaltung des Erwachsenen-Schlafbereichs erinnert an einen Alkoven. Er ist von der Achse Küche – Essbereich – Wohnbereich leicht zurückversetzt. Ein 10 cm hohes, mit weißen Linoleumfliesen verkleidetes Podest grenzt diesen Bereich ab, durch einen einfachen Vorhang lässt er sich verbergen. In die an den Alkoven grenzende geschwungene Wand sind ein Kleiderschrank und großzügige Nischen integriert.
Die mit weiß lackierten Schränken eingerichtete Küche nimmt eine Wand ein. Der Architektenentwurf bezieht seine Originalität und seine Eleganz aus der Wandverkleidung und der Arbeitsfläche aus Eichenholz.
Die Küche ist durch eine mattierte, lichtdurchlässige Glastür vom Bad abgegrenzt.

▲ Obwohl die Küche auf das Minimum reduziert wurde, ist sie perfekt eingerichtet. Die Dehnungsfugen des Bodenbelags sind eine ebenso kostengünstige wie dekorative Lösung.

▶ Mit ihrer sanft geschwungenen Form und den eingebauten Nischen lässt die Wand, hinter der das Kinderzimmer liegt, an eine Grotte denken.

## Ein Möbel für alles

Die zentrale Idee dieser Wohnung ist das multifunktionale Möbelstück in der Raummitte. Der Entwurf des Architekten vereint Arbeitsfläche, Backofen und Esstisch. Seine organische Form mit den weichen Rundungen ist dic perfekte Ergänzug der femininen Raumarchitektur. Seine Seitenkanten bestehen aus Eichenfurnier, die unterschiedlich hohe Oberfläche aus einer weißen Beschichtung. Fünf Personen können hier bequem eine Mahlzeit einnehmen.

## Schick und funktionell

Helles Holz, Grau, vor allem Weiß, modernes Mobiliar, wenige Objekte, fast leere Wände, ein kleines, elegantes Sofa: Das sind die dekorativen Elemente dieses Apartments. So wirkt es hell, funktionell und originell. Die Stühle tragen die Handschrift eines großen dänischen Designers.

Anstelle des ursprünglichen Parketts, das so stark abgenutzt war, dass es sich nicht mehr renovieren ließ, wurde ein Estrich verlegt. Der graue Boden ist das Resultat einer Behandlung mit einem Spezialharz und anschließender Politur. Die Fugen wurden eingelassen, um Risse zu vermeiden, die mit der Zeit im Boden auftreten könnten, und ihre weiße Lineatur wirkt wie ein bewusstes grafisches Statement.

▼ Das Podest im Schlafbereich grenzt am Kopfende des Bettes an eine Wand mit integrierten Nischen.

## Originalität ist kein Luxus

▶ Wenn das Budget für die Einrichtung begrenzt ist, sollte man auf ein einzelnes, starkes Element setzen, das aufgrund seiner Größe oder Besonderheit hervorsticht. Oft genügt ein Möbelstück von einer kräftigen Farbe, mit einer souveränen Präsenz oder einem originellen Design, das den entscheidenden Akzent setzt.

# VARIABLE MÖBEL

Für kleine Wohnungen sind maßgeschneiderte Möbel ideal. Mit der Unterstützung eines Architekten lässt sich die Einrichtung optimal planen: Kochecke, Wandschränke, Stauräume etc., die ein Schreiner dann anhand exakter Zeichnungen einbaut.

Doch als Mieter hat man nicht immer die Möglichkeit oder die Mittel für Einbaumöbel. Eine praktikable Lösung bieten variable Möbel, die sich verschiedenen Funktionen oder wachsenden Bedürfnissen anpassen.

Ein Beispiel ist ein Bett mit Schubladen oder, als Raumteiler, ein Regal mit Schrankfächern. In Räumen mit hohen Decken lässt sich durch ein Hochbett Platz für andere Zwecke gewinnen. Eine Alternative hierzu sind Deckenbetten, die tagsüber zur Decke hochgezogen und abends zum Schlafen herabgelassen werden, oder auch Klappbetten, die in einem Wandschrank verschwinden.

Einbaumöbel sind und bleiben jedoch die gängigste Möglichkeit, um Platz zu gewinnen: Man nutzt die Wände, während man in der Raummitte Freifläche schafft.

Platzsparend sind auch stapelbare Stühle oder Klappstühle, die sich hinter einer Tür aufhängen lassen. Eine Tischplatte, die auf zwei Böcken liegt, lässt sich nach dem Gebrauch beispielsweise unter dem Bett verstauen. Ein ausziehbarer Tisch ist eine altbewährte Lösung, die sich nach wie vor großer Beliebtheit erfreut. Wenn Sie sich beim Trödler umsehen, werden Sie originelle Modelle entdecken.

**▲ Dieser ausziehbare Tisch aus lackiertem Holz eignet sich für eine Mahlzeit zu zweit.**

**▼ Kommt Besuch, verlängert man die Tischplatte, und der Platz reicht für vier.**

N7
MANDELIEU 20
CANNES 27
103

# EIN ATELIER ZUR WOHNUNG UMBAUEN

## Die Räumlichkeiten

Ein Atelier im Erdgeschoss eines Gebäudes, das an einer gepflasterten und von Bäumen gesäumten Passage liegt. Es besitzt eine geringe Raumbreite, ist aber recht lang gestreckt. Aufgrund eines sehr nahen Nachbargebäudes fällt wenig Licht herein: Unter 4 m beträgt der Abstand zwischen diesem Gebäude und dem Atelier.

## Die Aufgabe

Das gesamte Atelier vom Licht profitieren zu lassen, das nur durch die an einer Raumseite liegende Fensterfront eindringt. Das Projekt wurde Architekten anvertraut, die den Raum als offene Fläche behandelten, in dem jeder Bereich zur einzigen Lichtquelle hin ausgerichtet ist.

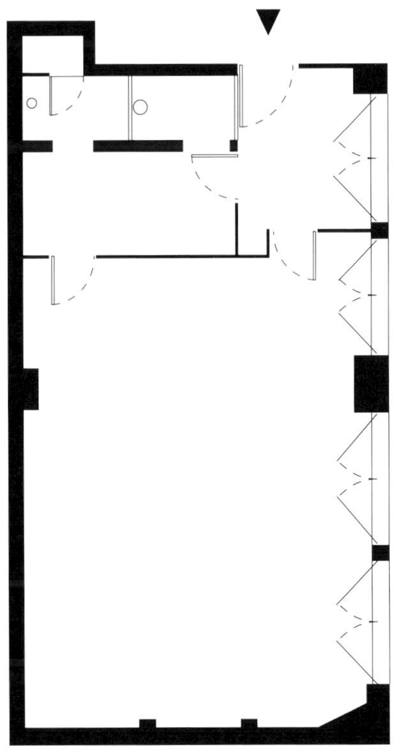

VORHER

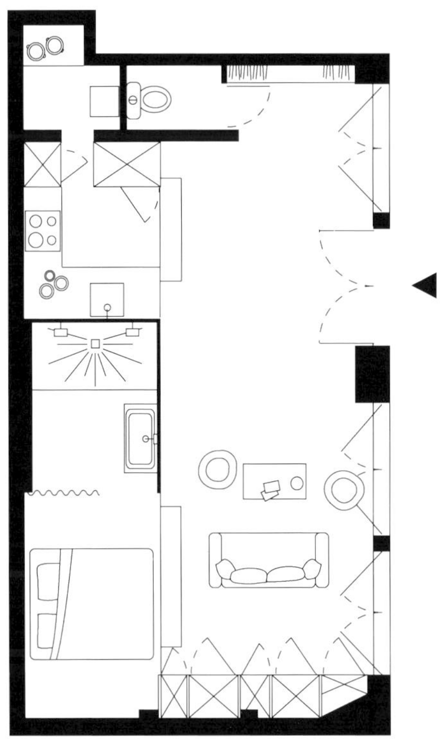

NACHHER

N 7
MANDELIEU 20
CANNES 27

## Spiegel vergrößern den Raum

Mit Zustimmung der Miteigentümer wurde die Fassade verändert. Sie wahrt den Ateliercharakter, wie die Fenster bezeugen, deren Flügel hoch und schmal sind. Die zweiflügelige Holztür wurde im Industriestil grau lackiert.

Entlang der Rückwand gruppieren sich Schlafzimmer, Bad und Küche. Die untere Ebene nimmt das Wohnzimmer ein: Hier besteht der Boden aus Betonestrich, der einfach mit einem farbig nicht deckenden Anstrich versehen wurde. Die verspiegelte Wand verbirgt das Bad und reflektiert das Tageslicht.

Eine zweite Ebene entstand, indem man den Boden durch ein Holzpodest erhöht hat. Breite Birkenfurnier-Bretter ruhen auf einer Trägerkonstruktion. Das Podest begrenzt den Schlafbereich, der aus einer auf zwei Tatamis liegenden Matratze besteht. Daneben ist Platz für eine Lampe, Bücher und einen Flachbildfernseher.

Unter dem Podest befindet sich zusätzlicher Stauraum, der durch die Tatamis verborgen ist.

Das Bad, das keine Tür besitzt, öffnet sich auf den Schlafbereich.

Auch die maßgefertigte Küche befindet sich auf dem Podest. Arbeitsfläche und Spritzschutz hinter dem Herd wurden mit einem hochgradig wasser- und feuerbeständigem Lack auf Harzbasis gestrichen.

Der Boden ist teilweise verglast: Dadurch gibt er den Blick auf den Keller mit seinen alten Ziegelmauern frei, was den Raum optisch vergrößert.

**▲ Die Küchenschränke sind aus schönem Birkenfurnier gefertigt.**

**◄ Der riesige Spiegel an der Außenwand des Badezimmers lässt den Raum größer wirken.**

▲ In der Küche führt rechter Hand ein Durchgang zwischen den Schränken in die Waschküche.

## Einbauschränke: groß und diskret

Die Einbauschränke, die einen Großteil der Wand einnehmen, sind der ideale Stauraum. Hinter ihren unterschiedlich großen Türen verbergen sich Fächer, Schubladen, Kleiderschränke und sogar ein Bügelbrett, das sich dank einer Gleitkonstruktion aus Holz herausziehen und wieder verstauen lässt.
Ein kleiner Raum neben der Küche wurde als Lagerraum und Waschküche eingerichtet, wo die Wäsche vor Blicken verborgen trocknet.

## Einrichtung aus Naturmaterialien

Dekorative Objekte aus Naturmaterialien wie der Couchtisch und die Poufs aus geflochtener Weide, die mit dem Birkenfurnier harmonisieren, verleihen dem Loft Wärme. Um den Mangel an Tageslicht auszugleichen, hat man sich vorwiegend für helle Farben entschieden. So sind der Schlafbereich und die Küche in einem sanften Helltürkis gestrichen, das einen schönen Kontrast zu Weinrot bildet.
Im Bad sorgen anthrazitfarbene Fliesen für eine moderne Farbgebung.

**▼ Ein einfacher Duschvorhang trennt das Bad vom Schlafbereich.**

**▼ Im Bad hat eine große Dusche mit zwei fest installierten Duschbrausen Platz.**

# WERKSTÄTTEN IN NEUEM GEWAND

In den 1980er-Jahren haben immer mehr Handwerker ihre Werkstätten aufgegeben, die dann in Wohnräume mit Loftcharakter umgewandelt wurden.

Die Käufer solcher Räumlichkeiten erkannten deren Potential und nutzten es einfallsreich. Heute sind solche Räume selten und teuer geworden.

Doch sollte man eine Unterkunft dieser Art nicht unüberlegt kaufen: Oft stehen die Räume seit Langem leer, sind manchmal klein und dunkel und erfordern komplizierte und kostenintensive Renovierungsarbeiten. Der ideale Kauf ist eine Werkstatt, die von mehreren Seiten zugänglich ist und über mindestens einen Raum verfügt, der sich auf einen Hof oder eine Passage öffnet.

In jedem Fall sollte man prüfen, ob derart exponierte Räumlichkeiten nicht tagsüber oder nachts zu starkem Lärm ausgesetzt sind.

Bei den meisten Werkstätten oder Ateliers handelt es sich um gewerbliche Räume, die oft Teil einer Eigentümergemeinschaft sind. Deren Zustimmung ist erforderlich, um sie zu Wohnzwecken umzugestalten. Selbst wenn die Fassade von den Arbeiten nicht betroffen ist, muss man unbedingt eine Genehmigung für eine Nutzungsänderung bei der zuständigen Bauaufsichtsbehörde einholen, die bestätigt, ob eine Nutzung als Wohnraum zulässig ist.

**▲ Diese Wohnung war früher ein Lebensmittelgeschäft: große Fensterfronten und eine zauberhafte Vegetation inmitten eines urbanen Milieus.**

**▶ Liegen die Räume an einer frequentierten Straße, ist ein Rolladen ein unverzichtbarer Schutz.**

# PRIVATHEIT IN EINEM OFFENEN BEREICH

## Die Räumlichkeiten

Eine Dreizimmerwohnung mit ungewöhnlichem Grundriss im ersten Stock eines alten Gebäudes. Die drei Fenster zur Straße und die beiden, wenngleich sehr schmalen, Fenster zum Hof lassen viel Licht herein.

## Die Aufgabe

Den verfügbaren Raum zu optimieren und vor allem viel Licht hereinzulassen. Einen Raum für Geselligkeit vorzusehen und dennoch einen privaten Bereich zu reservieren.

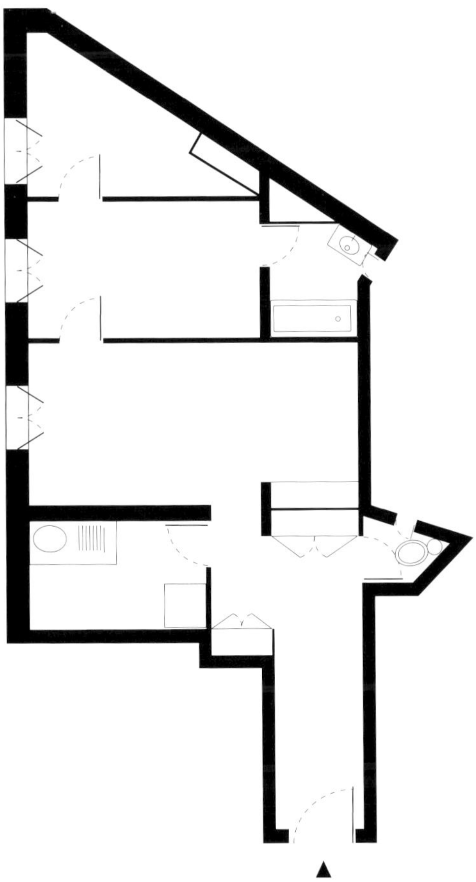

Vorher

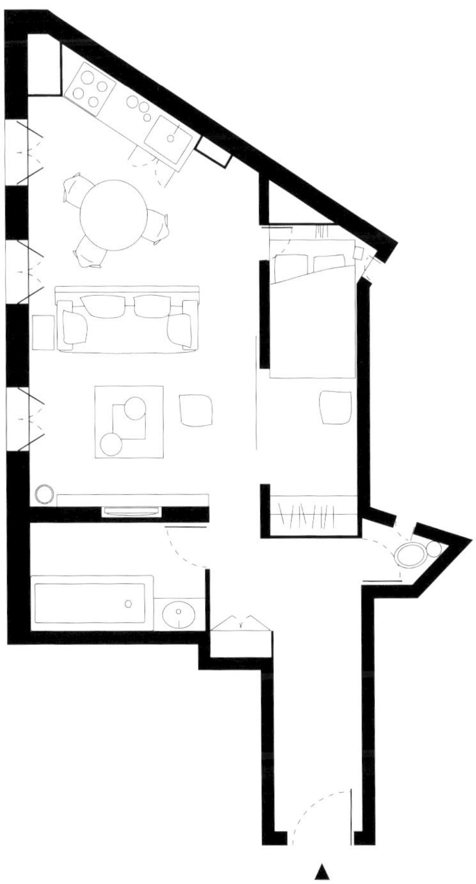

Nachher

▲ **Die Schiebetür gleitet an Rollen in einer Hängeschiene, sodass der Boden darunter geschont wird.**

## Raffinierter Raumteiler

Die Wände wurden herausgerissen, um einen einzigen Raum zu schaffen, in dem Küchenzeile, Essplatz und Wohnbereich aufeinanderfolgen. Hervorragend war die Idee, das Schlafzimmer dank einer Schiebetür mal in diesen Raum zu integrieren, mal abzutrennen, je nach Tageszeit oder Laune: So mag man morgens vom Bett aus den Blick auf den Wohnraum genießen, sich aber abends in den geschlossenen Schlafbereich zurückziehen.
Zwei Öffnungen durchbrechen die Wände des Schlafzimmers. Bei der einen handelt es sich um eine fest eingebaute verglaste Nische zwischen Schlafzimmer und Flur. Um die Intimsphäre des Schlafzimmers zu wahren, wurde das Glas mit einem apfelgrün und anisgrün gestreiften Duschvorhang verhängt.
Die zweite Öffnung ist ein richtiges Fenster am anderen Ende des Schlafzimmers – also am Kopfende des Bettes –, das Licht aus dem Wohnzimmer hereinlässt. Dieses Fenster ist ebenfalls als integraler Bestandteil des Arbeitsbereichs entworfen. Es verfügt über einen Fensterladen aus Holz, dessen Lamellenschlitze zur Aufbewahrung von Zeitschriften genutzt werden.

## Möglichst wenig Platz einnehmen

Die Schiebetür ist eine ausgezeichnete Lösung, um im Wohnbereich Platz zu gewinnen.
Die Sitzhocker sind im Nu weggeräumt und lassen sich dank ihrer quadratischen Form, ihres festen Materials und der Tragegriffe stapeln.
Das Bett im Schlafzimmer (siehe Seite 40) befindet sich auf einem Podest mit zwei großen Schubladen. Letzteres reicht bis hinter das Kopfende des Bettes und fungiert so gleichzeitig als großer Nachttisch, der Platz für eine Lampe, Bücher usw. bietet.
Die Längsseite des Bettes wird für ein niedriges Regal genutzt, das sich über dessen gesamte Länge erstreckt.

## Fremde Blicke abwehren, ohne zu verdunkeln

▶ Um die Intimität eines Raumes zu wahren, ohne ihn zu verdunkeln, lassen sich die Fenster mit traditionellen Gardinen oder, moderner, mit leichten Rollos verhängen. Eine ausgefallene Alternative sind Panneaux, die mit Kunststoffgirlanden verziert sind – warum nicht mal etwas Neues wagen?

Oben: Blick auf den Wohnbereich, mit dem in einer Wandnische platzierten Fernseher.

Unten: Blick auf Essecke und Küchenzeile. Die fuchsiarote Wand bildet einen lebhaften Kontrast zum Edelstahl der Schränke.

▲ Das Podest dient als Bettgestell und birgt viel Stauraum in zwei großen Schubladen.

▼ Truhen, Regale, Fächer, Kleiderstange: So lässt sich Kleidung praktisch aufbewahren.

## Strukturieren und dekorieren

In dieser Wohnung erfüllt die Farbe nicht nur wichtige dekorative Aufgaben: sie grenzt in geradezu exemplarischer Weise die einzelnen Funktionsbereiche voneinander ab.
Drei Farben beleben das Weiß: Fuchsia in der Küche, Anisgrün im Schlafzimmer und oberhalb der Schiebetür, Türkis den Boden im Bad.
Kleine, einfallsreiche Details setzen Akzente: zum Beispiel die schmale silberne Linie auf der Schiebetür, die an eine Welle erinnert.

### Farbige Motive verschönern die Wände

▶ Wandtattoos beleben leere Wände. Sie sind überall erhältlich, auch im Internet, zu jedem Preis und in den unterschiedlichsten Motiven und Farben. Ihr Vorteil: Sie lassen sich leicht anbringen. Wählen Sie Tattoos, die sich problemlos versetzen lassen.

# FARBEN WÄHLEN UND KOMBINIEREN

Bevor man sich Gedanken über Details macht, sollte man sich eine einfache Frage stellen. Welche Farbe möchte ich morgens nach dem Aufwachen sehen? Wir alle können uns an Orte erinnern, deren Farbatmosphäre wir gerne bei uns zu Hause nachempfinden möchten.

Kalte Farben wie Blau, Grau oder Violett-Töne wirken vergrößernd, was natürlich in kleinen Räumen ein Vorteil ist. Wenn der Raum jedoch nach Norden oder Osten ausgerichtet ist oder nur wenig Tageslicht erhält, sollte man sich eher für warme Farben entscheiden, um einen „Wartesaal-Effekt" zu vermeiden. Sicher, Weiß ist die beste Wahl, denn es reflektiert Licht optimal und fördert das Raumgefühl. Außerdem lässt es sich mit kräftigen Akzenten – Sessel, Teppiche,Vorhänge,Kissen etc. – beleben.

Wie viele Farben sollte man wählen? Eine oder drei sind besser als zwei, das ist das Grundprinzip. An wie vielen Wänden? Das hängt von den Erwartungen ab: Farbe an einer, zwei oder drei Wänden modelliert das Raumvolumen. Farbe an vier Wänden sorgt für ein intimes Raumgefühl! Eine farbige Fensterwand vergrößert den Raum. Raffiniert inszeniert wirkt eine farbig gestrichene Wand mit einem offenen Kamin.

Fragen Sie sich auch, welche Wirkung Sie erzielen wollen: sanft, belebend, freundlich etc. Natürlich ist das vor allem eine Frage des Geschmacks.

Wie Sie sich auch entscheiden, folgen Sie nicht einfach einem Trend: Dieser ändert sich jede Saison, und man möchte ja nicht alle vier Monate neu streichen!

**▼ Die Kombination dreier Farben auf derselben Wand schafft den Eindruck von getrennten Raumbereichen.**

**▼ Der begehbare Kleiderschrank belebt mit kräftiger Farbe die schwarzen Küchenmöbel.**

# MIT DEM LICHT SPIELEN

## Die Räumlichkeiten

Eine Dreizimmerwohnung aus den 1930er-Jahren, das in einem vornehmen Großstadtviertel liegt. Sie soll als Zweitwohnung genutzt werden.

## Die Aufgabe

Die Räume vollkommen neu aufzuteilen. Zwei Architekten haben daran gearbeitet, die verschiedenen Bereiche zu öffnen und den freien Ausblick auf die herrlichen, ringsum gelegenen Gärten zu ermöglichen.

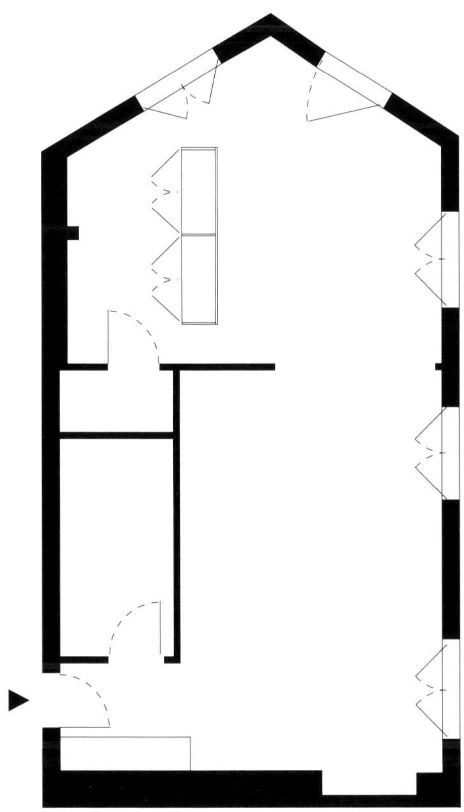

Vorher

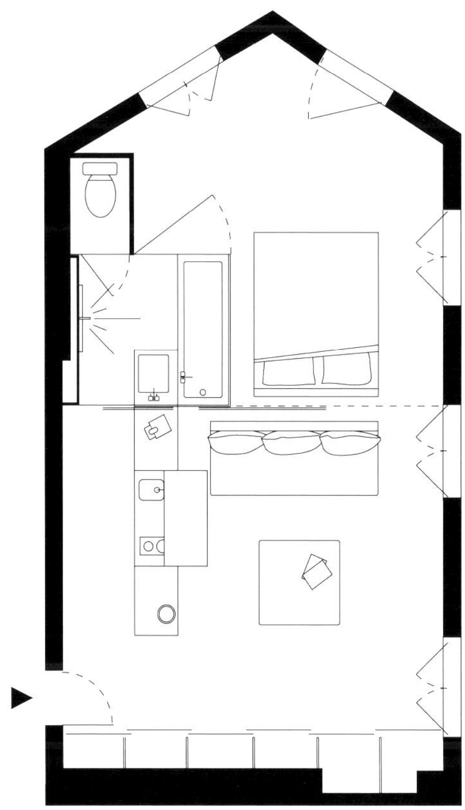

Nachher

▼ Die an einer Längsachse ausgerichtete Küche verfügt über ihre eigene, diskrete Beleuchtung.

## Den Raum subtil unterteilen

Der Raum wurde radikal geöffnet, alle Wände wurden entfernt. Die fünf Originalfenster sind nun von überall aus sichtbar. Die aneinandergrenzenden Funktionsbereiche haben ihre ursprüngliche Position beibehalten, nämlich dort, wo sich die Wasserzu- und ableitungen befinden.

Alles ist offen, nur in der Küche hat man sich entschieden, die Nutzelemente zu verbergen. Spüle, Kochfeld und Kühlschrank wurden in einen maßgefertigten Tresen aus Nussbaum integriert, der die Küche vom Wohnbereich trennt. Man macht sie zugänglich, indem man die Abdeckung, die gleichzeitig als Bar dienen kann, zurückschiebt.

Die Küchenbeleuchtung besteht aus einer Reihe von Spots, die in die abgehängte Decke integriert werden. Für eine warme, angenehme Atmosphäre sorgen dimmbare Leuchtstoffröhren, unsichtbar hinter der abgehängten Decke, die extra für diesen Zweck vorgesehen wurde.

Mattglas, mit dem sich ein Raum unterteilen lässt, ohne dass die Helligkeit beeinträchtigt wird, wurde hier großflächig als Trennelement eingesetzt: zum einen zwischen Küche und Bad, in dem ein Waschbecken aus Stein quasi die Verlängerung des Küchentresens ist; zum anderen zwischen Bad und Schlafbereich; und schließlich, als Schiebetür, zwischen Schlaf- und Wohnbereich.

### Die Vorteile von Glas

▶ Türen und Trennwände aus Mattglas sind besonders in kleinen Räumlichkeiten eine ästhetische Lösung, denn sie verschleiern die Sicht, während sie das Licht hindurchtreten lassen. Glas ist in verschiedenen Qualitäten, von hoch transparent bis vollkommen lichtundurchlässig erhältlich. Das leicht schimmernde Mattglas kommt besonders in einem modernen Ambiente gut zur Geltung.

▶ Durch Öffnen und Schließen dieser lichtdurchlässigen Trennwände moduliert man elegant den Raum und das Licht. Das Bett inmitten des einzigen Zimmers grenzt an eine niedrige Holztrennwand, die zugleich als Nachttisch genutzt wird.

## Mobiliar und Dekor vereinen

Im Bad wurde der Spiegel mit Stahlbändern an der Decke aufgehängt, weil es keine Wand gibt, um ihn zu befestigen. Die Wände und Einbauschränke im Schlafbereich bestehen aus poliertem Verbundstein, einem Gemisch aus Marmormehl, Harz und Mörtel. Die Steinoptik dieser Verkleidung harmoniert mit den grauen Steinfliesen an den Wänden sowie Waschbecken und Badewanne im Bad. Die maßgefertigten Einbauschränke haben keine Griffe. Drückt man auf die Türen, aktiviert man einen Öffnungsmechanismus: eine ideale Lösung, um Stauraum zu verbergen!

## Einheitliche und klare Linien

Wenn man klares Design bevorzugt und einen einzigen Raum gestaltet, sollte man auf einen einheitlichen Stil setzen. Hier liegt der Akzent auf den klaren Linien, weniger auf Farbkontrasten. Das Spiel mit Transparenzen und unterschiedlich beleuchteten Zonen belebt dieses Interieur. Die warmen Flächen aus dunkel geädertem amerikanischem Nussbaum im Wohnbereich wirken komplementär zu dem von kühler Steinoptik dominierten Bad-Ambiente. Die Beige- und Grautöne stellen überdies eine subtile Verbindung zur äußeren Umgebung, der Großstadt, her.

# TRENNWÄNDE ERRICHTEN

In manchen Fällen ist es besser, einen Raum zu unterteilen, auch wenn der Platz begrenzt ist. Um das Gefühl von Enge zu vermeiden, sollte man keine dunklen Ecken entstehen lassen. Je nach Geschmack und Budget bieten sich Schiebetüren, entweder mit Scharnieren oder an einer Schiene installiert, Paravents und leichte Raumteiler wie Schiebevorhänge oder andere Textilien an. Eine weitere Option sind halbhohe Raumteiler, die im oberen Bereich oder seitlich das Licht durchlassen. Die Möglichkeiten sind fast unbegrenzt!

Bei der Umsetzung erfordern manche Lösungen aufwendigere Arbeiten oder eine spezielle Technik, andere lassen sich mit wenigen Handgriffen selbst erledigen.

**Verschiebbare Trennwände**

Aus Japan stammt die Idee der verschiebbaren Trennwände, die entweder Standardmaße haben oder maßgefertigt sind. Sie ermöglichen ein Spiel mit dem Raumvolumen und verbergen privatere Bereiche wie Schlafzimmer oder Bad.

**▲ Die Mattglasscheiben wirken in diesem Dachgeschoss mit dem freigelegten Gebälk sehr modern und sorgen für ein angenehmes Licht.**

**▼ Perfekte Harmonie herrscht zwischen der Trennwand aus Schiebetüren und dem hellen Holz des Mobiliars.**

◀ **Die Wand aus Glasbausteinen dient als Kälte-, Lärm- und Sichtschutz, ist einfach einzuziehen und passt zu jedem Einrichtungsstil.**

Im Vergleich zu einer herkömmlichen massiven Wand mit Tür bietet dieses System zwei unbestreitbare Vorteile: Durchlässigkeit und Platzgewinn. Zahlreiche Hersteller konkurrieren heute mit Ideen und Erfindungen, um eine breite Produktpalette anbieten zu können.

Traditionelles Reispapier, das gedämpftes Licht hindurchlässt, gibt es mit Rahmen aus verschiedenen Materialien wie Aluminium, Kunststoff oder Edelhölzern.

Auch die Trennwände selbst sind in einer Vielzahl von Ausführungen erhältlich: mit Melaminbeschichtung, aus Mattglas oder lackiert, mit seidenmatter oder verspiegelter Oberfläche; weiterhin gibt es schalldämpfende Akustik-Tennwände mit Stoffbespannung. Auf manchen dieser Wände lässt sich ein Kunstwerk oder das Lieblingsfoto reproduzieren. Als findiger Bastler oder Antiquitätensammler mag man vielleicht eine alte Tür auf eine Gleitschiene montieren.

Welche Lösung man auch wählt, die Trennwand sollte stilistisch mit der Einrichtung harmonieren und der Einbau ohne Beschädigung des Fußbodens vonstatten gehen – beispielsweise mithilfe einer Schiene, in die die Trennwand gehängt ist.

**▼ Der Holzrahmen lässt den Kunststoff wärmer wirken und geht mit ihm einen angenehmen Pakt ein: Der Raumteiler lässt Licht durchdringen, nicht aber unerwünschte Blicke.**

### Fest eingebaute Raumteiler

Auch fest installierte Raumteiler sind in diversen Ausführungen zu haben. Buntglas ist lichtdurchlässig und bietet Sichtschutz. Es ist in zahlreichen Farben erhältlich. Glasbausteine gibt es in vielerlei Qualitäten, beispielsweise geriffelt, mit Blase- oder Wellenstruktur.

▼ **Diese Trennwand führt in die Küche. Ganz aus Holz gefertigt, nimmt sie das Thema des Parketts wieder auf, aber in der Vertikalen!**

Dieses Material hat den Vorteil einer effizienten Geräusch- und Wärmedämmung. Polycarbonat besitzt nur ein Viertel des Gewichts von Glas, ist äußerst strapazierfähig, lässt sich problemlos auf Maß schneiden und kann in Holz oder Metall gefasst werden. Es ist in großen Handwerkermärkten erhältlich.

### Weitere Raumteiler

Es gibt weitere Alternativen für lichtdurchlässige Raumteiler. Eine Sichtschutzwand im orientalischen Stil, als mobiler oder an zwei Wände montierter Paravent, streut das Licht und wirft zarte Muster an die Wände. Ebenso lassen sich für den Garten gedachte Sichtschutzwände und Rankhilfen fantasievoll nutzen. Sie bringen Leichtigkeit in den Raum, und um sie an die Einrichtung anzupassen, streicht man sie einfach farbig an. Sichtschutzwände aus geflochtenen Zweigen, etwa Kastanie, verlocken Kreative. Hier fällt das Licht hindurch wie in einem Wald!

▲ **Ein Vorhang aus bemalten Holzperlen vom chinesischen Markt: Er bringt Farbe in den Raum, ohne zu verdunkeln.**

Der Holzrahmen eines alten Paravents lässt sich mit einem neuen Vorhangstoff bespannen. Überhaupt sind Vorhänge und Gardinen vielfältig einsetzbar, zum Beispiel, indem man sie an einem durch den Raum gespannten Stahlseil aufhängt. Dies ist die leichteste und preisgünstigste Art überhaupt, einen Raum zu unterteilen! Ebenso sind an die Decke montierte Jalousien praktische Raumteiler.

Eine weitere Alternative sind Vorhänge aus Perlenschnüren, Fäden oder Kunststoffgirlanden, die es in so vielen Ausführungen gibt, dass sich für jeden Einrichtungsstil etwas findet.

# DIE GESAMTE RAUMHÖHE NUTZEN

## Die Räumlichkeiten

Eine Dreizimmerwohnung in einem alten Gebäude. Das Licht fällt von drei Seiten ein, was mehrere Möglichkeiten des Umbaus eröffnet. In der Decke der im Dachgeschoss gelegenen Wohnung sind die Dachbalken sichtbar.

## Die Aufgabe

Zunächst den Raum zu öffnen, um mehrere Sichtachsen freizulegen, anschließend die verschiedenen Bereiche neu zu definieren. Der Eigentümer, selbst Architekt, hat die Raumgestaltung übernommen.

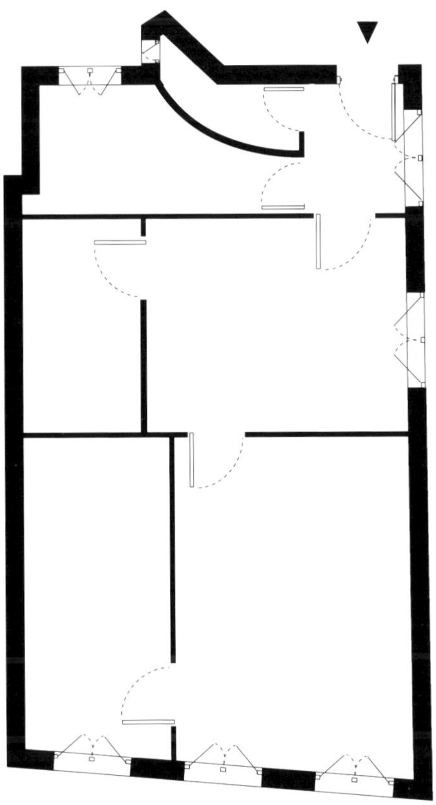

VORHER

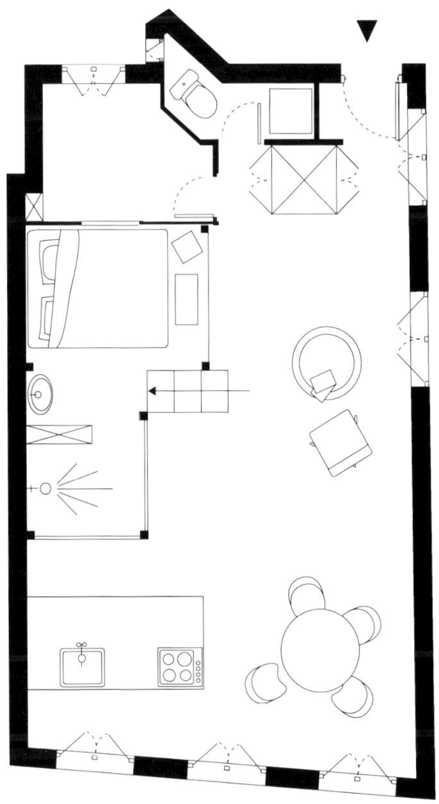

NACHHER

## Die Funktionsbereiche auf Podeste heben

Nachdem die Wände herausgerissen waren, wurde der Raum entsprechend den unterschiedlichen Aufgaben der Zimmer neu eingeteilt. Der Boden ist der Länge nach in zwei Bereiche gegliedert: in der Küchen- und Essecke hat man Feinsteinzeugfliesen verlegt, während im Wohnbereich schönes Parkett liegt, dessen unterschiedlich breite Stäbe (15 und 17 cm) den Eindruck von Raumtiefe verstärken.
Auf die alte Unterkonstruktion des Parketts hat man zunächst Vermiculit aufgetragen, ein biologisches Isoliermaterial, darauf als mittlere Schicht Spanplatten von 18 mm Dicke und zum Schluss geöltes und gestrichenes massives Eichenparkett.

**▼ Alte Fliesen, sichtbares Gebälk und Designermöbel: ein gelungener Stilmix.**

Da sich der Dachboden aufgrund seines schlechten Zustands als unbrauchbar erwies, entschied man, die Zwischendecke zu entfernen, die schöne alte Balkenkonstruktion aber beizubehalten. Die Raumhöhe ist entsprechend angewachsen. Die zentrale Idee war, diese Höhe zu nutzen, und zwar nicht, wie üblich, in Form eines Zwischengeschosses, sondern durch Anheben von Schlafbereich und Bad.
Das Bad, das zum Schlafbereich hin mit einer halbhohen weißen Trennwand abgegrenzt ist, wird an zwei Seiten durch Glaswände abgeschlossen.
Zwischen dieser halbhohen Wand und dem Bett befindet sich ein kleines Handwaschbecken.
Rollos an den Außenseiten der Glaswände sorgen für Intimsphäre im Bad; auch im Schlafbereich ermöglichen sie, dass man sich zurückziehen kann.

**► Über dem erhöhten Bett lassen die Balken an ein Baldachin denken. Hier fungiert das Parkett als Bettgestell.**

### Dachgeschoss oder Keller umbauen

► Möchte man bei einer Renovierung wertvolle Quadratmeter hinzugewinnen, können Dachgeschoss und Keller in die Planung mit einbezogen werden.
► Gehört das Dachgeschoss nicht zu Ihrem Wohneigentum, brauchen Sie eine Umbaugenehmigung der Eigentümergemeinschaft.
► Für den Umbau eines Geschosses ist manchmal eine Genehmigung der Bauaufsichtsbehörde erforderlich.
► Für solche oft recht komplexen Arbeiten benötigt man einen Architekten.

BOIS
Indonesia
Philippines
Mongolia
PARIS

## Neue Räume gestalten

Wie sieht eine optimale Raumnutzung aus? Die Lösung sind hier Podeste mit ihren klar abgegrenzten Funktionsbereichen. Jedes Podest besteht aus 80 cm hohen Holzkonstruktionen, auf denen jeweils ein Balkengerüst jeden dieser Räume quasi wie ein Kubus einrahmt. Der Raum unter den Podesten wird durch 80 cm tiefe Schubladen genutzt.

Als Treppenstufen dienen drei bunt gestrichene Truhen, in denen sich Stauraum verbirgt.

Der ebenfalls farbig gestrichene Kleiderschrank ist eine Hängekonstruktion, die ebenfalls dazu dient, Raum zu gewinnen. Aus Gründen der Bequemlichkeit lässt er sich von zwei Seiten öffnen.

## Mit Formen und Farben spielen

Der Eigentümer hat die Anordnung der Feinsteinzeugfliesen sorgfältig auf einer Schablone geplant, bevor sie vom Handwerker verlegt wurden. Das Ergebnis ist ein vielfarbiges Patchwork mit einem ausgefeilten Muster. Der gestrichene Holzboden im Schlafbereich wirkt dagegen klassisch-nüchtern. Das in diesem Apartment vorherrschende Weiß wird belebt durch kräftiges Blau und Orange sowie Brauntöne und die bunten Fliesen.

Zeitlos modern sind die wenigen, stilistisch aufeinander abgestimmten Möbelstücke im Design der 1970er-Jahre.

Originelle Ideen setzen in diesem Raum Akzente, so zum Beispiel die Truhen und der Hängekleiderschrank oder auch die als Ablagefläche genutzten Deckenbalken.

**▼ Im kubusförmigen Bad nimmt die weiße Trennwand mit den integrierten Ablagefächern die Hälfte der Raumtiefe ein.**

**▼ Verspielte, aus einzelnen Truhen bestehende Stufen wirken wie ein Echo der bunten Feinsteinzeugfliesen.**

# MODIFIZIERUNG DES RAUMVOLUMENS

Man kann seinen Wohnraum unter zwei Aspekten betrachten: Erst einmal natürlich in Hinblick auf die Grundfläche. Dies ist die vordergründige Betrachtungsweise, denn man weiß in der Regel, wie viele Quadratmeter man bewohnt. Doch um die Wohnfläche optimal zu nutzen, sollte man das gesamte Raumvolumen in Betracht ziehen. Warum also nicht verschiedene Ebenen einrichten? So gewinnt man nicht nur Raum, sondern lässt den Raum auch größer wirken.

Wenn Sie sich für eine solche Lösung entscheiden, verlegen Sie am besten einen klar definierten Funktionsbereich in die Höhe. Hier bietet sich beispielsweise ein erhöhter Unterbau an für die Schlafecke mit einer Matratze in der Mitte, seitlich eingebauten Nachtschränken und Stauraum in dem Unterbau.

Auch ein erhöhter Essbereich in einer Zimmerecke mit Einbau-Sitzbänken schafft zusätzlichen Raum.

Erhöht man einen Teil des Badezimmers, lässt sich eine italienische Dusche einbauen, bei der der Boden zum Abfluss hin geneigt ist: Das ist einfach schick!

Eine weitere Lösung ist das Einziehen eines Zwischengeschosses: Tatsächlich wirken Räume umso schmaler, je höher ihre Decke ist. Eine eingezogene Zimmerdecke sorgt für ein anderes Raumgefühl, und man gewinnt Platz.

**▲ Ab einer Raumhöhe von 3,80 m reicht der Platz für ein Zwischengeschoss. So nutzt man das Raumvolumen optimal und schafft neuen Raum.**

**▲ Jeder Funktionsbereich nimmt minimalen Raum ein: Die Treppe mit Schubladen führt zum Bett im oberen Bereich des Raums. Darunter findet der Schreibtisch Platz.**

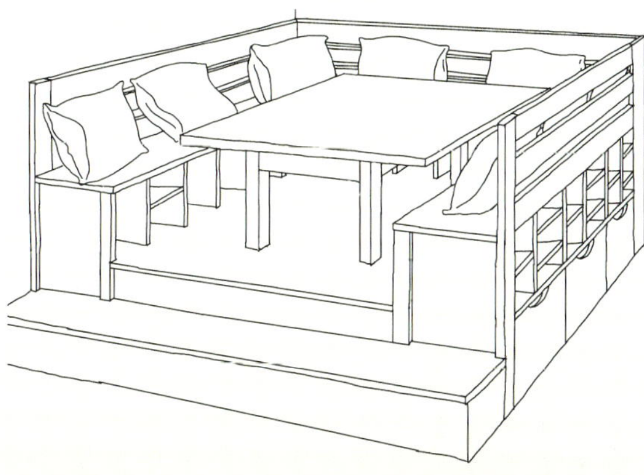

**▶ Auf kleinem Raum in die Höhe gewachsen: Bei diesem Podest mit Essecke und drei Einbau-Sitzbänken bieten Bücherregale und Schubladen nützliche Ablageflächen.**

# FREIFLÄCHE GEWINNEN

## Die Räumlichkeiten

Eine Dreizimmerwohnung in einem alten Gebäude mit einer kleinen Küche und einen winzigen Bad. Die besondere Lage der Wohnung – sie überbrückt eine Straße – bietet den Vorteil, dass Licht von zwei Seiten einfällt.

## Die Aufgabe

Den Raum zu öffnen, um das Tageslicht optimal zu nutzen, mehrere Sichtachsen zu öffnen und einen Eingangsbereich abzugrenzen.

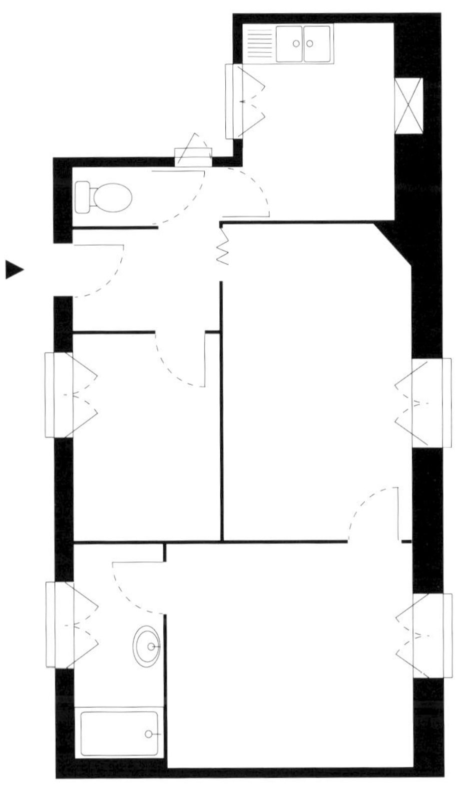

VORHER

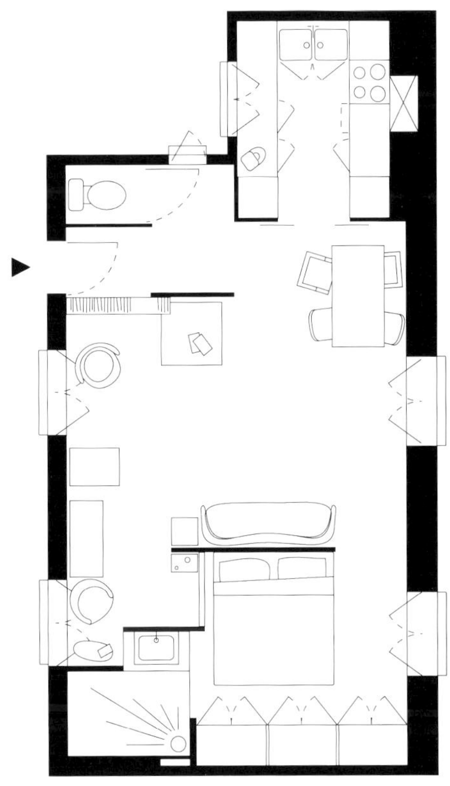

NACHHER

▲ An der halbhohen Trennwand lässt sich sogar ein Bild aufhängen. Auch Stromleitungen kann man darin verlegen!

▼ Dank einer Schiebetür kann die Küche offen in den Wohnraum übergehen oder geschlossen werden.

## Trennwände einziehen

Fünf Wände wurden insgesamt entfernt. Dann hat man die Wohnung neu unterteilt und dabei angestrebt, optisch so viel Platz wie möglich zu gewinnen. Der ursprüngliche Parkettboden musste stellenweise ergänzt werden. Um die Intimsphäre des Schlafbereichs zu bewahren, hat man im einzigen Raum eine halbhohe Trennwand aus Gipskarton von 10 cm Dicke und 1,80 m Höhe errichtet, die in den Boden eingelassen wurde. Da die Wand nicht die gesamte Raumbreite einnimmt, ermöglicht sie rundum Bewegungsfreiheit. Das Bad wurde ebenfalls durch eine Trennwand vom Wohnbereich separiert, die jedoch etwas schmaler ist und bis zur Decke reicht.

Wenn eine solche Trennwand nicht möglich ist, bietet eine selbsttragende Wand eine Alternative. Deren Stabilität ist jedoch von bestimmten Maßen abhängig. Aus Gründen der Kippstabilität gilt: Je höher die Wand ist, desto größer muß die Wandstärke sein.

▲ Der Farbstreifen zwischen Decke und Wänden spielt mit Kontrasten und unterstreicht die Raumperspektiven.

▲ **Ein Hängebücherregal: eine originelle Idee, um den Raum zu unterteilen, ohne ihn zu verkleinern.**

Küche und Wohnzimmer wurden vollkommen neu gestaltet, blieben aber aufgrund der Wasserleitungen an derselben Stelle. Die hinter einer Schiebetür verborgene Küche im amerikanischen Stil verfügt über ein schmales Fenster, das auf ein dicht stehendes Nachbargebäude blickt. Es lässt zwar wenig Licht herein, ist aber praktisch für die Belüftung. Die verspiegelte Wandverkleidung wirkt aufhellend.
Der Boden der italienischen Dusche wurde leicht erhöht und in Richtung Abfluss geneigt.

## Durchgänge und Blickwinkel öffnen

Im Eingangsbereich befindet sich das Hängebücherregal. Es leitet Besucher in den Wohnbereich und lässt Licht in den schmalen Gang hinter der Tür dringen. Eine platzsparende Schiebetür vor der Küche hat Freiraum für einen großen Esstisch geschaffen.
Die maßgefertigte Schrankwand aus lackiertem MDF im hinteren Raumbereich verschmilzt mit dem Raumdekor, da seine anisgrüne Farbe perfekt mit der Wandfarbe harmoniert.

## Stile gekonnt mischen

Ungezwungener Umgang mit verschiedenen Stilen: ein Aspekt des Spiels mit Kontrasten! Hier steht ein alter Diwan in Nachbarschaft zu Sesseln aus den 1970er-Jahren und einem modernen beleuchteten Couchtisch.
In Hinsicht auf die Farbtöne funktioniert die Drei-Farben-Regel im Wohnzimmer perfekt: Anisgrün, Braun und Aubergine auf linearen oder geometrischen Flächen tragen zur einheitlichen Raumwirkung bei.
In Bad und Küche herrscht Grau vor: Feinsteinzeugfliesen an den Wänden des Badezimmer und Küchenschränke zeigen sich Ton in Ton.

# ENTFERNEN VON WÄNDEN

Der große Trend in kleinen Wohnungen: Man öffnet den Raum! So gewinnt man zusätzlich Fläche, die vorher von Wänden, ungünstig gelegenen Fluren und Abstellräumen eingenommen war.

Doch aufgepasst: Nicht jede Wand lässt sich einfach herausreißen. Es gibt gewisse Regeln, die man beachten muss. Tragende Wände können nur entfernt werden, wenn die darüber befindliche Decke nach Prüfung durch einen Statiker durch eine Tragkonstruktion aus Stahl oder Beton gesichert ist.

Erkundigen Sie sich bei Etagewohnungen bei der Eigentümergemeinschaft, ob derartige Arbeiten durchführbar sind. In jedem Fall gehören diese Arbeiten in die Hände eines Fachmanns.

**▲ Sehr dekorativ wirken die Balken in diesem ausgebauten Speicher.**

Eine nicht tragende Wand kann man auch selbst entfernen. Dies lässt sich bei einer Wand aus Gipskarton oder Holzfaserplatten mithilfe leichter Gerätschaften, wie zum Beispiel Hammer, Säge und Brecheisen, bewerkstelligen. Bei einer Wand aus Gipsbauplatten und Mauersteinen ist ein Stemmgerät sinnvoll.

Manchmal erlebt man beim Herausreißen einer Wand die freudige Überraschung, dass Balken aus Holz oder Träger aus Metall sichtbar werden. Abgebeizt, neu gestrichen oder lackiert können diese Balken oder Träger als trennende oder dekorative Elemente dienen.

**◀ Diese Metallträger haben als Seitenteile eines Bücherregals eine neue Bestimmung erhalten.**

Numark
Numark

# MODULIERBAREN RAUM KONZIPIEREN

## Die Räumlichkeiten

Eine Zweizimmerwohnung in einem recht neuen Gebäude. Die zur Straße gelegenen Fenster erhellen Küche und Schlafzimmer. Eine große Fensterfront mit unverbautem, freiem Blick lässt Tageslicht ins Wohnzimmer. Das Bad und der kleine Eingangsbereich sind fensterlos.

## Die Aufgabe

Freiraum und Lauffläche zu schaffen und dabei gleichzeitig vom Tageslicht und der Aussicht auf den Park zu profitieren. Ein neues Bad einzubauen. Im Schlafzimmer einen Arbeitsplatz vorzusehen. Mit dem Umbau wurde ein Architekt beauftragt.

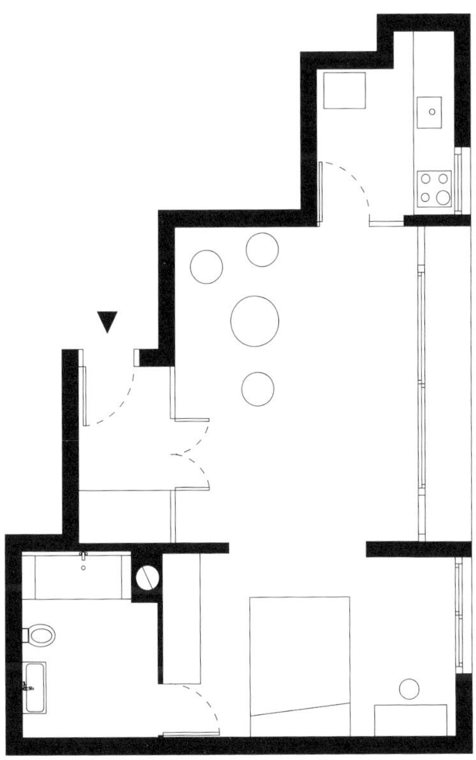

VORHER

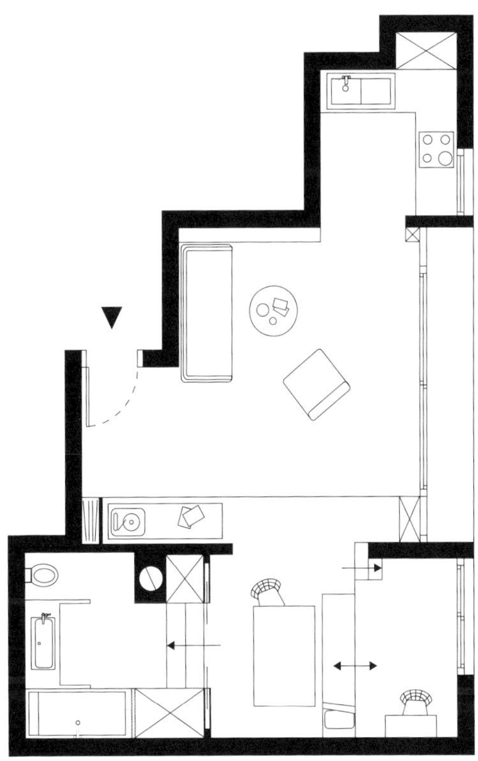

NACHHER

## Platz auf zwei Ebenen

Der Eingangsbereich wurde geöffnet, sodass man sich nach dem Betreten der Wohnung direkt im Wohnzimmer befindet. Dessen Bodenbelag besteht aus weiß glänzendem Epoxidharz, unter dem eine Bodenmatte verlegt wurde. So ist der Boden weich, elastisch und außerdem nicht anfällig für Risse. Der Bodenbelag verlängert sich bis in die Küche, was auf gelungene Weise den Raum optisch vergrößert.
Die weißen Küchenschränke sind L-förmig angeordnet. Die ursprünglichen Fliesen wurden entfernt und der rohe Beton kostengünstig in eine schöne glatte Wandfläche verwandelt.
Der Spritzschutz an der Wand besteht aus einer ebenfalls grau getönten Glasplatte, die Arbeitsfläche ist mit knallgrünem Melamin beschichtet.
Schlaf- und Arbeitsbereich nehmen zwei verschiedene Ebenen ein. Dadurch wirkt die Raumfläche größer. Es dominiert Eichenholz, das für Eleganz, Wärme und eine einheitliche Optik sorgt.
Im Bad wurde die ursprüngliche Holztür durch eine Mattglastür ersetzt, wodurch Tageslicht ins Bad fällt. Drei Stufen führen hinauf zum Bad, das ebenfalls auf einem erhöhten Niveau liegt und zu dem drei Stufen hinaufführen.

**▼ Sessel aus den 1970er-Jahren, Kanapee und Couchtisch im Art-déco-Stil verleihen diesem Raum, in dem das Weiß dominiert, Charakter.**

**▼ Modernes Mobiliar zeichnet diese funktionelle Küche aus. Die Designerlampe setzt einen passenden Akzent.**

STOP
1000 chairs
RECONVERSIONS

◀ Bei Bedarf verschwindet das Bett unter dem Holzpodest.

▲ Der Tisch nimmt jetzt den Platz des Bettes ein.

## Ein Bett verschwindet im Podest

Da der Raum auf zwei Ebenen genutzt wird, lässt sich auf der höher gelegenen Ebene ein Schreibtisch mit verschiedenen Staumöbeln, ein Bücherregal und ein Sekretär von minimalen Ausmaßen optimal unterbringen.

Für den unteren Bereich hatte der Architekt die geniale Idee, den Raum variabel zu nutzen: mal als Schlafraum, mal als Wohnraum. Das Bett auf kleinen Rollen lässt sich tagsüber in Windeseile unter dem Podest des Arbeitsbereichs verstauen und zum Schlafen schnell wieder hervorholen.

Ist der Esstisch, bestehend aus einer Platte und Böcken, aufgebaut, dient das Podest als Sitzbank. Wird das Bett hervorgeholt, lässt sich die Tischplatte in der Bettnische verstauen. So wird der Raum mit wenig Aufwand doppelt genutzt.

## Durch die Wahl der Materialien Einheitlichkeit schaffen

Inspiration der 1970er-Jahre, einige Art-déco-Stücke, Weiß, Schwarz und vor allem Holz: Hier atmet alles den Geist der Authentizität und des Funktionalen.

Der pflegeleichte weiße Boden reflektiert das Licht und intensiviert das Raumgefühl.

Die Arbeitsfläche in der Küche ist mit Melamin beschichtet, ein Material, das es mit vielen dekorativen Effekten gibt: matt, glänzend, satiniert, gesprenkelt … Seine Vorteile: Es lässt sich auf Maß schneiden, leicht bearbeiten, und es ist sehr resistent.

Im Bad schmückt eine Wandverkleidung, deren Struktur schwarze Kiesel nachahmt, die Wände rund um die Badewanne. Das wertet diesen der Entspannung dienenden Bereich auf.

**▼ Drei Stufen führen hinauf ins Bad. Ihr Holzbelag harmoniert perfekt mit der Holzdecke im Arbeits- und Schlafbereich.**

**► In dem sehr kleinen Bad ist die Badewanne so tief eingelassen, dass ihr oberer Rand auf fast einer Höhe mit dem Holzfußboden liegt.**

# GUT DURCHDACHTE STAURÄUME

Auf kleinem Raum muss alles gut durchdacht sein, damit der Platz optimal genutzt wird. Zwischen Wand und Decke lässt sich immer Stauraum unterbringen.

Maßgefertigte Kleiderschränke oder Bücherregale passen selbst in Ecken, die auf den ersten Blick ungeeignet erscheinen. Mehrere Hersteller haben einbaufertige Module im Sortiment, die passend zugeschnitten werden. Regale gibt es bereits in kleinen Standardgrößen (ab 15 cm Breite). Im zentralen Raum sind Schrankwände die ideale Lösung: Sie bieten viel Platz und entlasten das Zimmer. In großen Möbelhäusern findet man Wandschränke bis 2,40 m Höhe – hier lässt sich alles unterbringen, was man nicht täglich benutzt. Im Bad kann man unter dem Waschbecken noch ein Regal mit Schubläden oder Körben einplanen.

Bringen Sie Kleiderbügel oder Kleiderhaken an Türen an und stellen Sie Schuhregale in Schränke, die sich nicht direkt im Wohnzimmer befinden. Nutzen Sie Flure zur Unterbringung von CDs oder Taschenbüchern. Im Schlafzimmer ist unter dem Bett Platz für Schubladen oder Rollkästen, oder seitlich und oberhalb des Bettes. Nutzen Sie Möbelstücke zweifach: Eine Truhe verfügt beispielsweise über reichlich Stauraum und eignet sich gleichzeitig als Couchtisch. Manche Sitzhocker haben eine abnehmbare Sitzfläche, sodass sich auch hier etwas verstauen lässt.

**▼ Ein schmales Regal überragt die Essecke: eine schicke und originelle Stellmöglichkeit für die Kochbücher.**

**▼ Diese lackierte Trennwand ist eine originelle Kombination aus Kleidungsschrank, Regalfächern und Schubladenelementen.**

# PRAKTISCHES

# Was man vor dem Umbau einer kleinen Wohnung beachten sollte

Sie sind in eine kleine Wohnung gezogen oder beabsichtigen, es zu tun. Auch wenn es für Sie die richtige Lösung ist, kann dies mancherlei Einschränkung bedeuten, und vielleicht zerbrechen Sie sich den Kopf darüber, wie Sie den Raum optimal nutzen. Seien Sie sich jedoch bewusst, dass kleine Wohnungen auch Vorteile haben, denn wenig Platz bedeutet: wenig Hausarbeit; geringere Energiekosten; weniger Mobiliar, aber ausgesuchte Materialien.

Damit Ihr neuer Lebensraum Ihren Bedürfnissen ideal entspricht, finden Sie hier eine Reihe von Fragen, die Sie sich zuerst beantworten sollten.

## ▶ IHR PROFIL

**Sie werden in dem Apartement allein wohnen, aber vielleicht nicht für immer…**
Wenn Sie sich darauf einstellen, Ihr Leben in Zukunft mit jemandem zu teilen, sollten Sie einen getrennten Schlafbereich vorsehen, der eine gewisse Unabhängigkeit zulässt. Nicht jeder hat denselben Lebensrhythmus. Sehen Sie einen Paravent und Vorhänge vor: Das ist schon ein guter Anfang.

**Die kleine Wohnung ist eine Zwischenlösung.**
Für eine kurz- oder mittelfristige Lösung sollte man keine aufwendigen Umbauarbeiten durchführen. Meistens genügen ein wenig frische Farbe und eine individuelle Einrichtung. Möchten Sie sich dennoch in Unkosten stürzen, wird bei einem eventuellen Wiederverkauf der Wohnung der realisierte Mehrwert die Renovierungskosten gut und gerne wieder wettmachen.

**Das neue Apartment soll Ihre Bleibe für den Rest Ihres Lebens werden.**
Erfüllen Sie sich in diesem Fall alle Wünsche – der Augenblick ist nun reif dafür! Denken Sie aber auch daran, dass es eines Tages vielleicht nicht mehr so einfach sein wird, in eine Badewanne zu steigen oder die obersten Schrankfächer zu erreichen.

**Sie sind Stubenhocker oder Nachtmensch.**
Im einen wie im anderen Fall benötigen Sie Ruhe. Wenn Sie Trennwände einziehen, achten Sie auch auf Schallisolierung.

**Sie legen Wert auf Ruhe.**
Wenn Sie gerne lesen oder Musik hören, benötigen Sie hierfür eine gemütliche Ecke und ein Bücherregal. Planen Sie eine adäquate Beleuchtung und eine Lärmisolierung ein.
**Sie haben gerne und oft Gäste.**
Wenn Sie Ihre Gäste gern an einer gepflegten Tafel bewirten, benötigen Sie eine gut ausgestattete, funktionelle Küche und einen praktischen Esstisch.
Nehmen Sie lieber mit Freunden einen schnellen Imbiss ein, sind eine Kochnische und ein hübscher kleiner Couchtisch vollkommen ausreichend.
**Die nächste Einkaufsmöglichkeit ist von Ihrer Wohnung weit entfernt.**
In diesem Fall sollten Sie überlegen, wie oft Sie einkaufen gehen werden und wo Sie die Sachen lagern. Liegt Ihre Wohnung im Stadtzentrum, können Sie sich täglich neu versorgen. Machen Sie jedoch einmal wöchentlich einen Großeinkauf, werden Sie viel Lagerraum benötigen.

## ▶ RÄUMEN WIR MIT DER VERGANGENHEIT AUF!

Haben Sie sich einen Überblick über Ihre Bedürfnisse verschafft, sind einige Aufgaben zu erledigen.
Handelt es sich um Ihre erste eigene Wohnung, ist vieles einfacher. Vielleicht haben Sie eine kleine Auseinandersetzung mit Ihrer Großmutter, die Ihnen einen wuchtigen Kleiderschrank vermachen möchte: Manche alten Möbel sind jedoch für kleine Wohnungen ungeeignet.
Wenn Sie zuvor in einer größeren Wohnung gelebt haben, bietet sich nun die Gelegenheit, gründlich auszumisten. Die effektivste Vorgehensweise: Jedes Stück inspizieren! Entledigen Sie sich all jener Dinge, die Sie seit Jahren nicht benutzt haben.
Bücher, CDs und DVDs: Behalten Sie nur diejenigen, die Ihnen wirklich wichtig sind. Die anderen wandern in die Bücherei vor Ort oder zu humanitären Einrichtungen. Eine weitere Möglichkeit ist, sie auf dem Flohmarkt zu verkaufen oder im Internet zu versteigern.
Kleidungsstücke: Spenden Sie jene, die Sie schon lange nicht mehr getragen haben.
Beschädigte Gegenstände, angeschlagene Teller: All diese Dinge haben in der neuen Wohnung nicht zu suchen.
Doppeltes Kochgeschirr: Verkaufen oder verschenken Sie es!
Wollen Sie abgelaufene Verträge, alte Rechnungen und andere administrative Dokumente entsorgen, müssen Sie zunächst prüfen, ob Vorgaben in Bezug auf ihre Archivierungszeit bestehen.
Und wenn Sie sich dazu durchringen, sich von alten Geschenken zu trennen, sagen Sie sich, dass es weniger die Geschenke sind, die zählen, als die Personen, die sie Ihnen geschenkt haben. Ihre Freunde denken sicherlich genauso.

# 5 Ideen für eine neue Raumaufteilung

Bei diesen Beispielen gelten folgende Maßstäbe:

GRUNDRISSE VORHER: 2 cm (2 Quadrate) entsprechen 1 m.

GRUNDRISSE NACHHER: 3 cm (3 Quadrate) entsprechen 1 m.

## GRUNDRISS 1: **21,25 m² für ein Paar**

**▶ Vorher**
Eine Person lebt allein, und das einzige Zimmer des Apartments ist ein großes Schlafzimmer, das für Besuch ungeeignet ist.

**▶ Nachher**
Es gibt einen Neuankömmling, und es wird mehr Platz benötigt. Wenn man über wenig Platz und ein kleines Budget verfügt, wie es bei jungen Leuten oft der Fall ist, möchte man keine aufwendigen Umbauten vornehmen. Besser sind Möbel, die Platz schaffen. Ein Podest mit Schubladen und integrierten Sitzbänken ist eine kompakte Lösung für einen Essbereich. Das Bett wird in ein Zwischengeschoss verlegt, wodurch auf dem Boden Platz für eine Sitzecke frei wird. Hier kann man Besuch empfangen oder fernsehen. Die Küchentür hat man durch eine Schiebetür ersetzt. Die Badezimmertür, nun ebenfalls eine Schiebetür, wurde versetzt und öffnet sich auf den Wohnraum hin. Im Eingangsbereich ist nun viel Platz.

**▶ Ergebnis**
Der Raum wurde optimal genutzt.

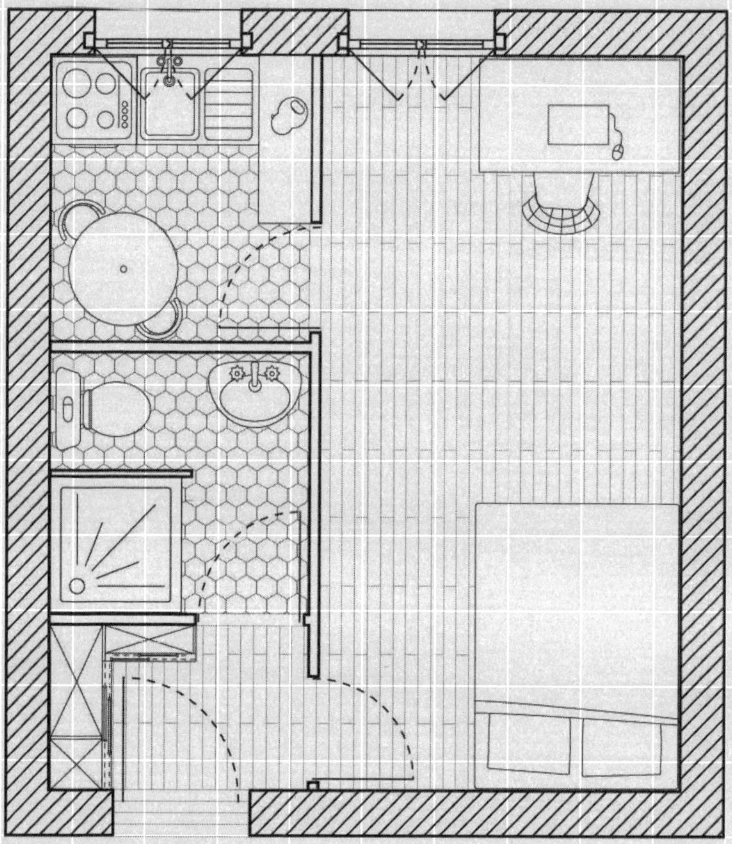

VORHER

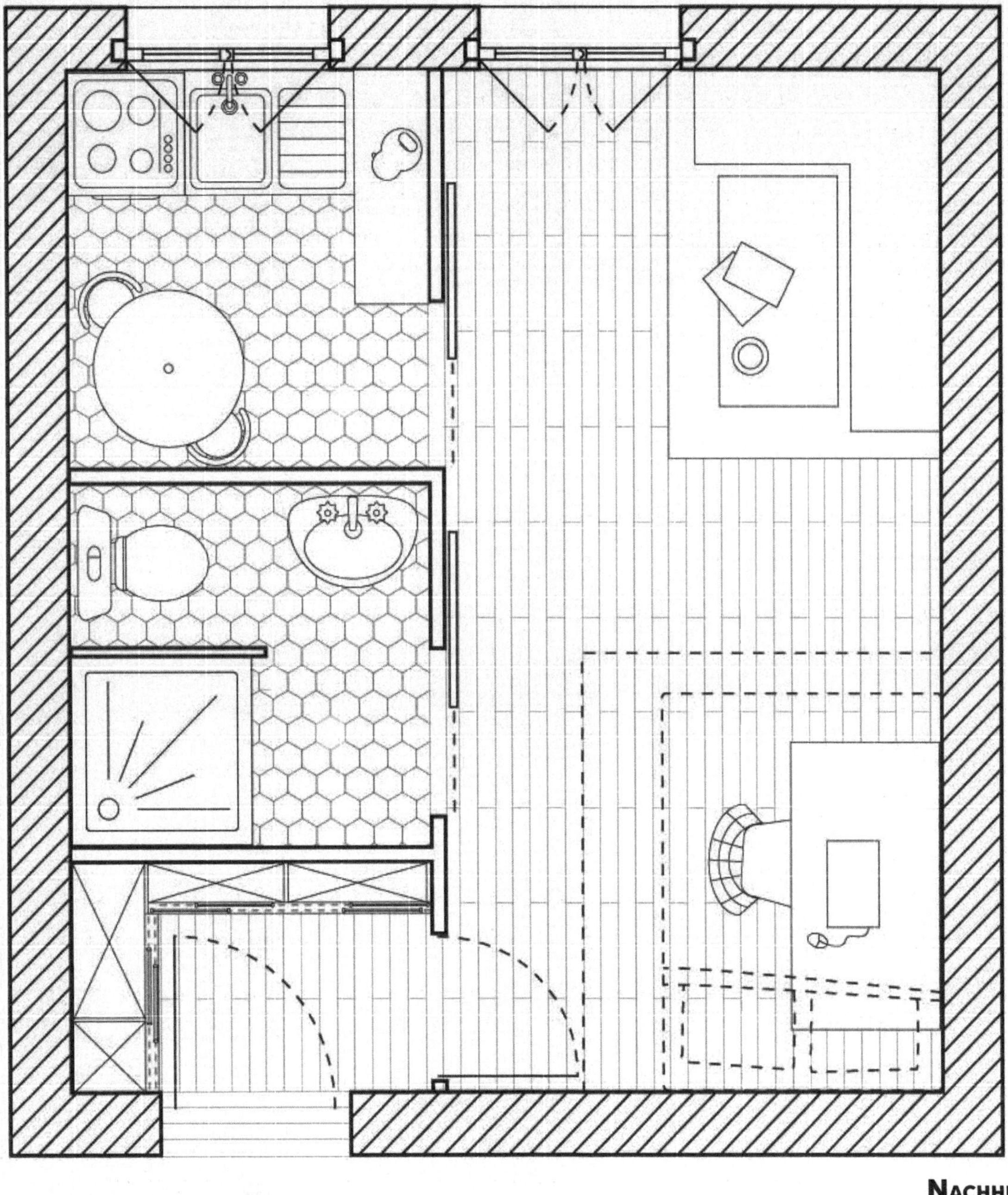

**Nachher**

# GRUNDRISS 2: **22 m² werden verbunden**

**▶ Vorher**
Diese Zweizimmerwohnung ist klassisch aufgeteilt. Ihre beiden Flure nehmen Raum ein, der sich besser nutzen lässt.

**▶ Nachher**
Aus den beiden Zimmern wurde ein einziger großer Wohnraum, zu dem man direkten Zutritt hat, denn Eingangsbereich und Flure wurden geöffnet. Von der Wand, die Wohn- und Schlafzimmer getrennt hat, sind nur zwei schmale Reste stehen geblieben, die von einem großen Vorhang verdeckt werden. Das ganze Apartment badet nun im Licht, das durch die Fensterfront hereinfällt. Die Enge ist einem weitläufigen Raum gewichen, der zu Geselligkeit einlädt.

**▶ Ergebnis**
Ein durch das Licht vereinheitlichter Raum.

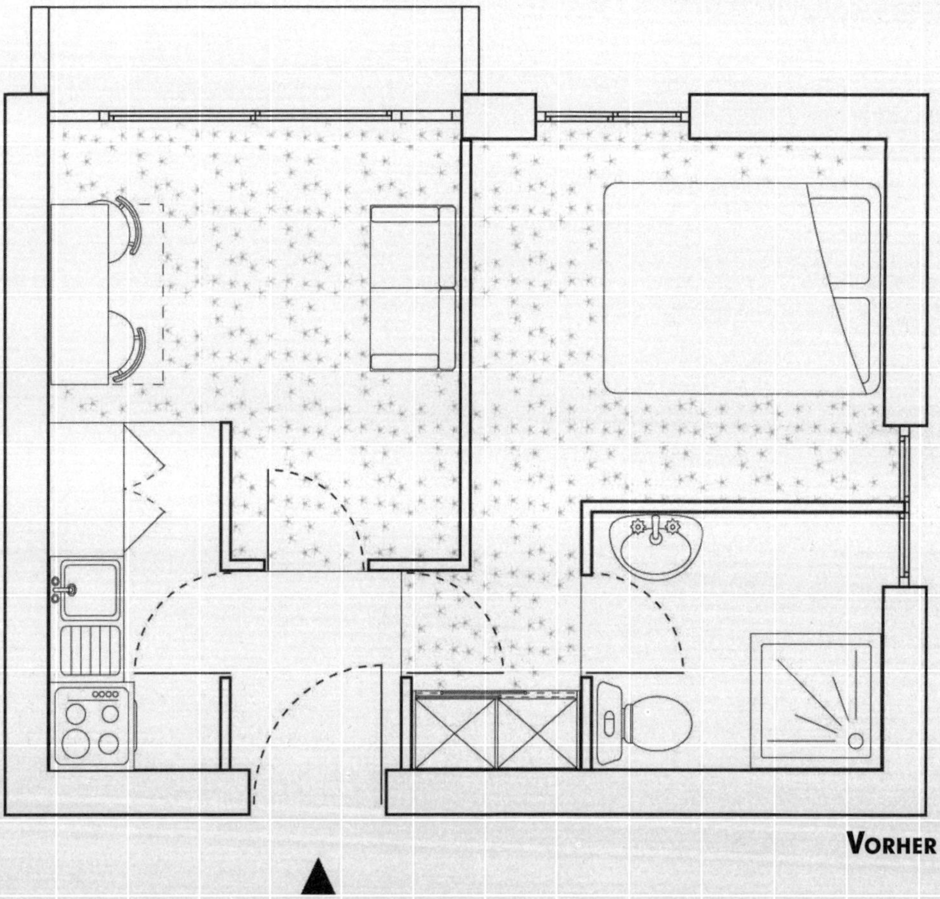

**VORHER**

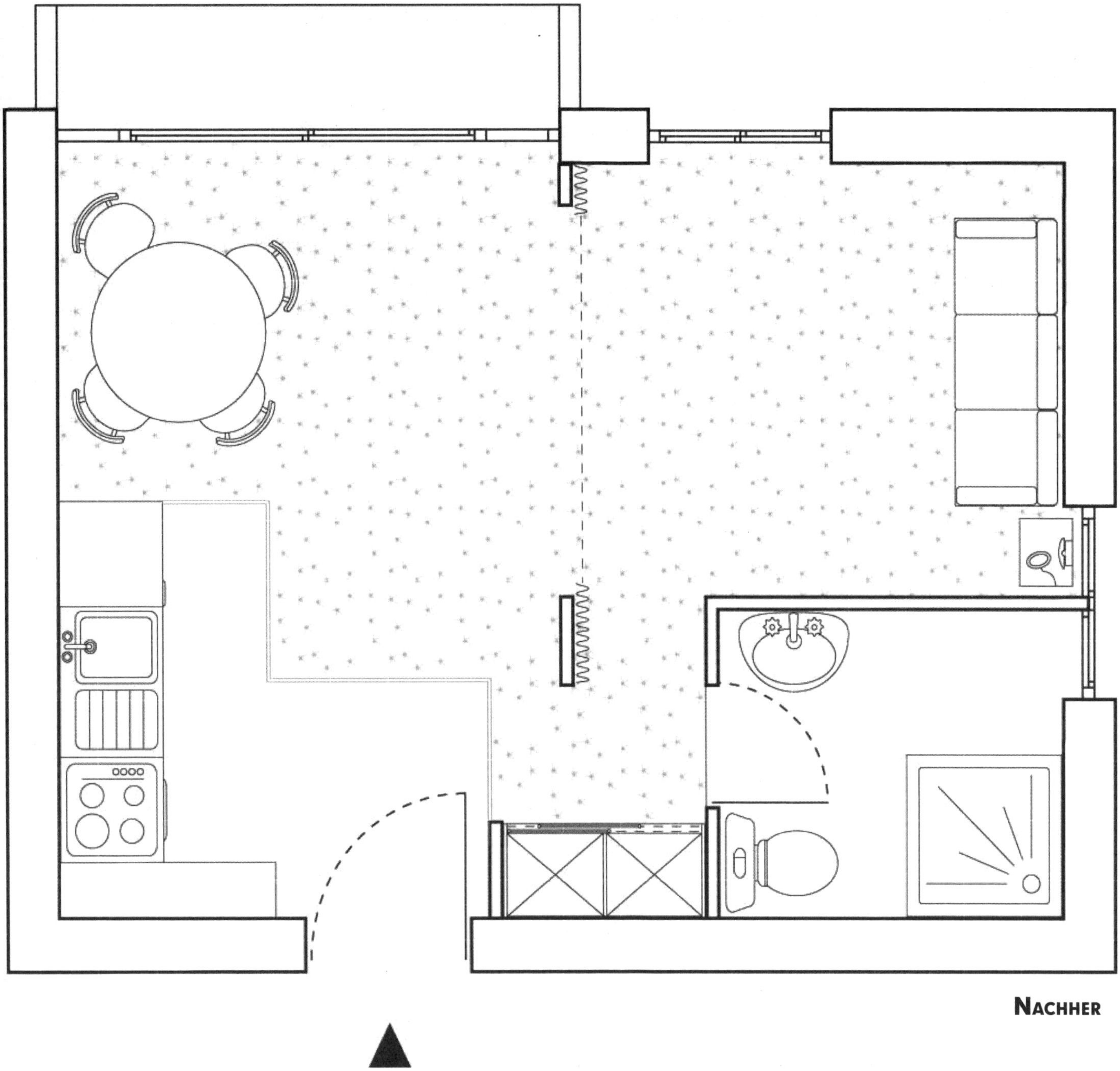

**Nachher**

# GRUNDRISS 3 : **24,10 m², um Besuch zu empfangen**

**▶ Vorher**
Ein kleines Bad und eine winzige Küche sind die Negativpunkte dieses Studios.

**▶ Nachher**
Die Toilette wurde separiert, ein ausreichend großes Bad mit Badewanne eingebaut. Die Küche ist nun mit offener Küchenzeile in den Essbereich gerückt. Das Bett lässt sich dank einer speziellen Mechanik zur Decke hochziehen, sodass der Wohnbereich eine angenehme Größe hat. Eine Falttür sorgt für Privatheit, da mit ihr der Schlafbereich geschlossen werden kann.

**▶ Ergebnis**
Platzgewinn.

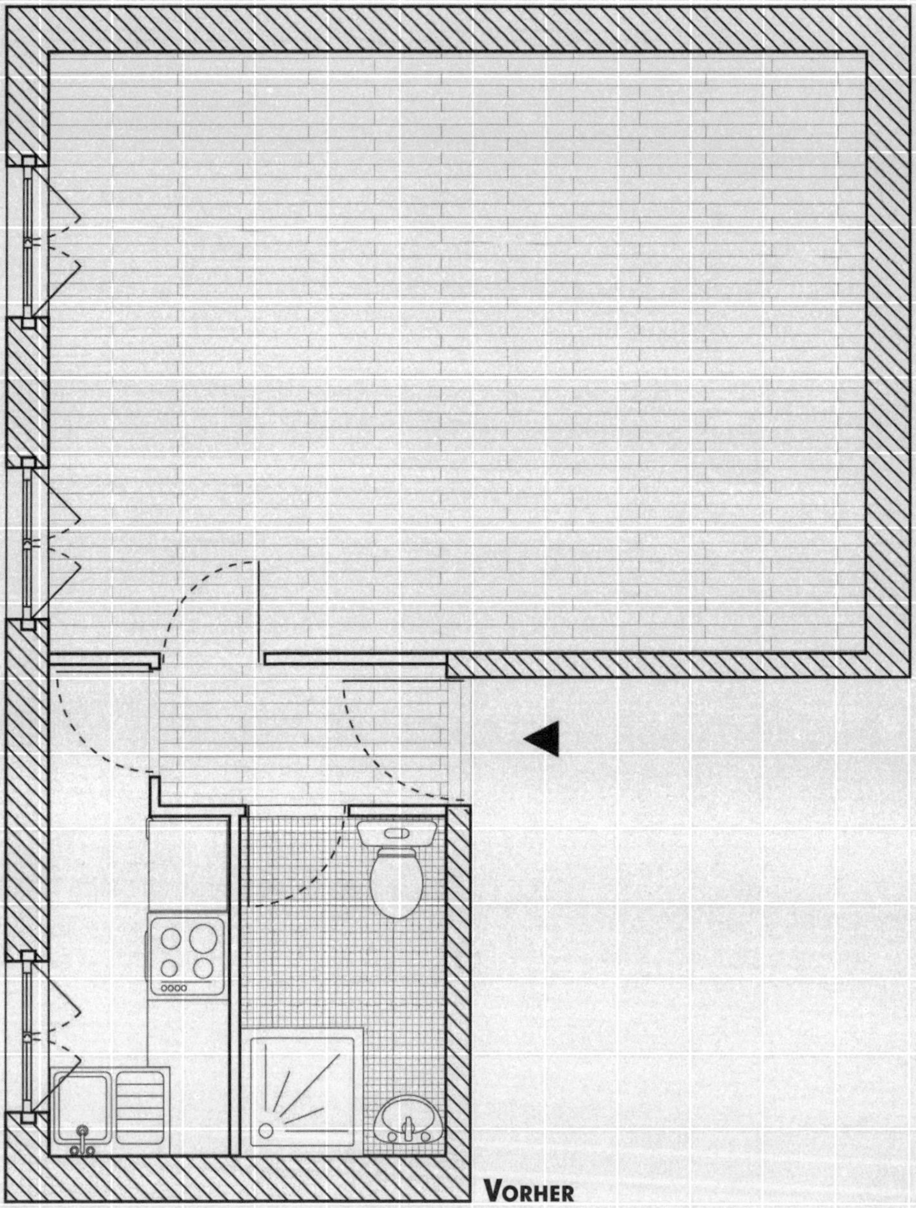

**VORHER**

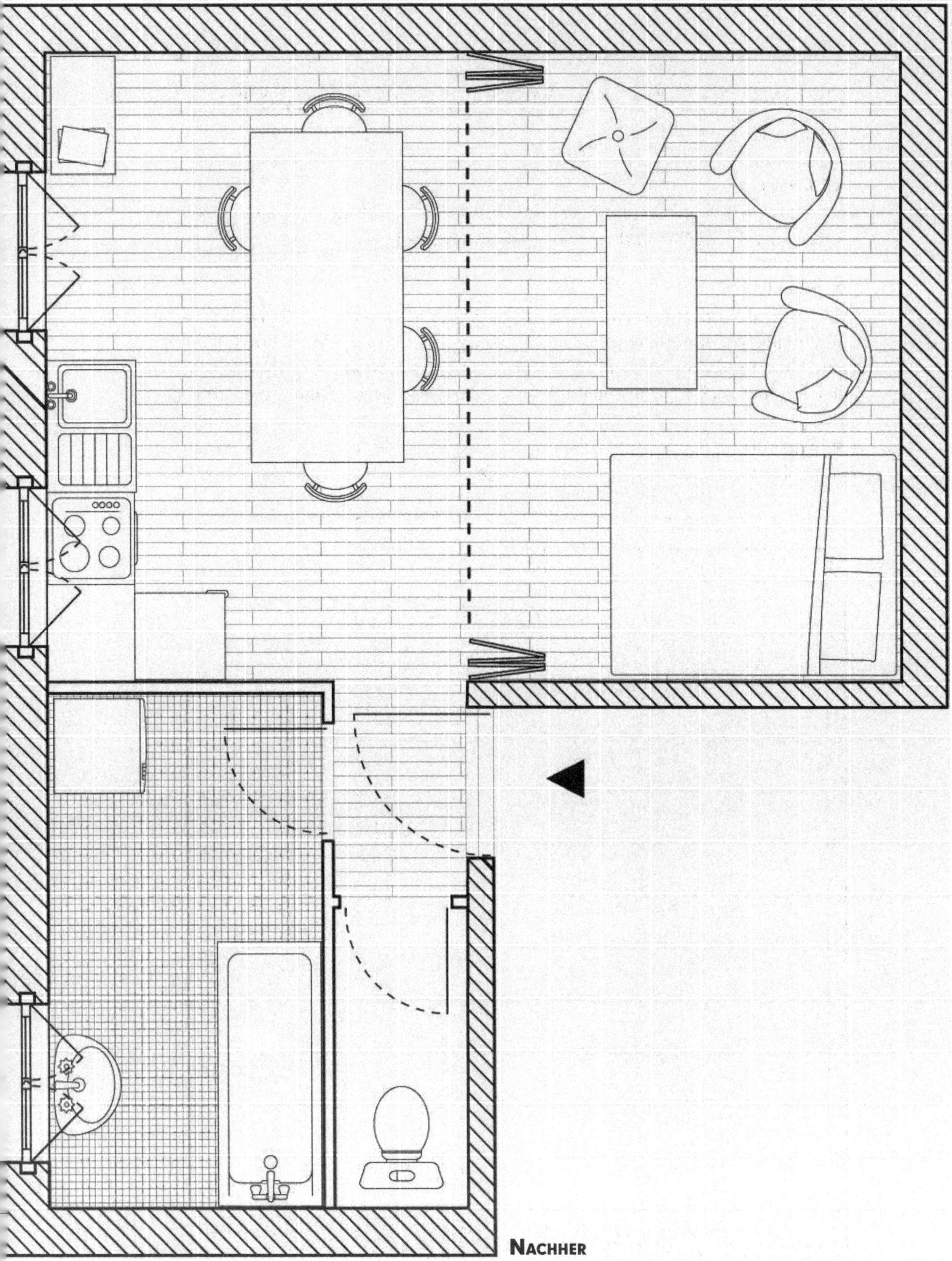

**Nachher**

# GRUNDRISS 4 : **27 m² zum Studieren**

**▶ Vorher**
Ein banaler Grundriss, der jedoch die Möglichkeit eröffnet, die Einrichtung des Raums den Bedürfnissen des Bewohners anzupassen.

**▶ Nachher**
Die Toilette wurde separiert, das Bad geöffnet und ist nun vom Schlafzimmer nur durch eine Wand mit offenem Durchgang getrennt. Ein großer Schreibtisch bietet einen komfortablen Arbeitsplatz. Küche und Essbereich wurden zusammengelegt. Der Schlafbereich lässt sich hinter einer gleitenden Schiebe-Trennwand verbergen.

**▶ Ergebnis**
Ein funktioneller Raum.

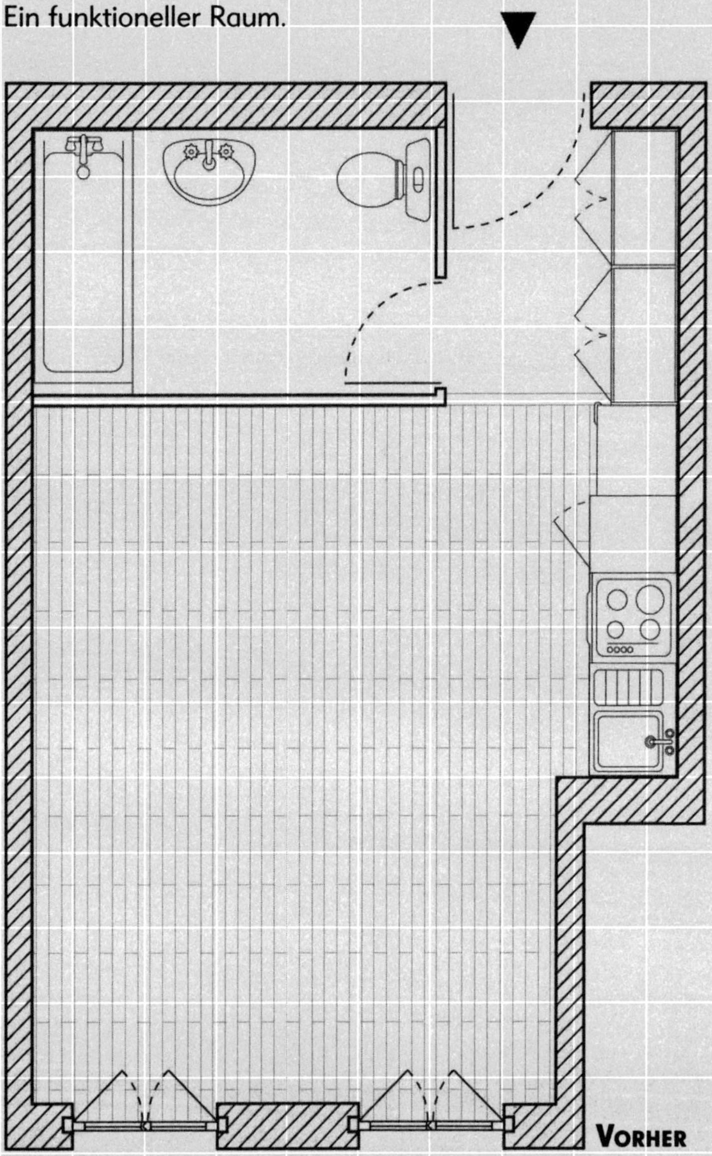

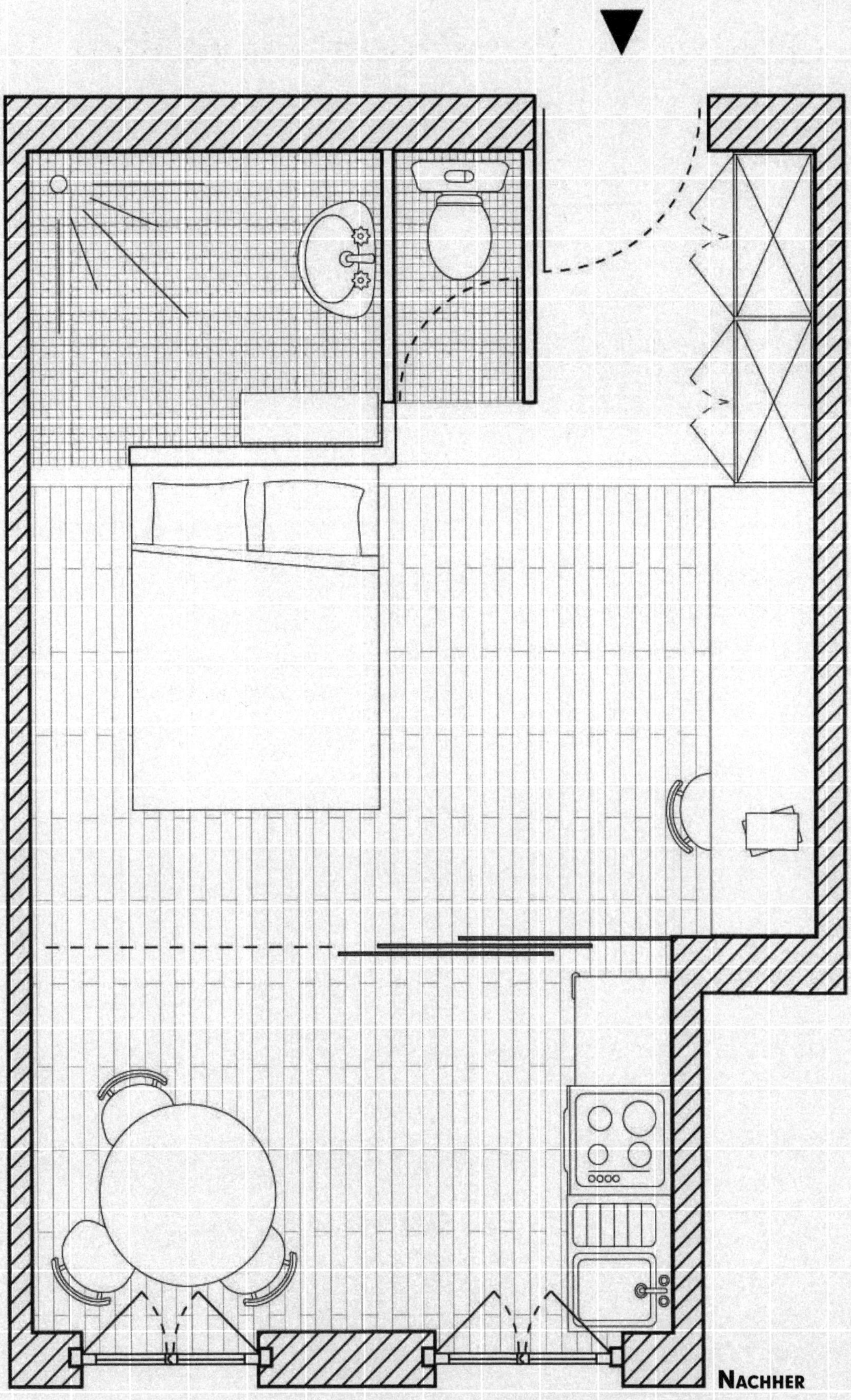

**Nachher**

# GRUNDRISS 5: **30 m² für einen großen Raum**

**▶ Vorher**

Die beiden Wohnräume sind über den Eingangsbereich bzw. Flur zugänglich. Küche und Bad liegen nebeneinander und haben den Vorteil, dass sie beide über ein Fenster verfügen.

**▶ Nachher**

Die Wände im Eingangsbereich und Flur wurden entfernt. Man tritt nun direkt in einen großen, offenen Raum ein, in dem sich Küche, Wohn- und Schlafbereich befinden. Küche und Bad sind durch eine Schiebetür getrennt. An der Stelle der usprünglichen Wand zwischen Küche und Wohnzimmer befindet sich nun ein Küchentresen. Die Wand zwischen Wohn- und Schlafzimmer wurde ebenfalls entfernt. Ein Schrank, der sich von zwei Seiten öffnen lässt, grenzt Wohn- und Schlafbereich voneinander ab.

**▶ Ergebnis**

Mehr Bewegungsfreiraum und Übersichtlichkeit

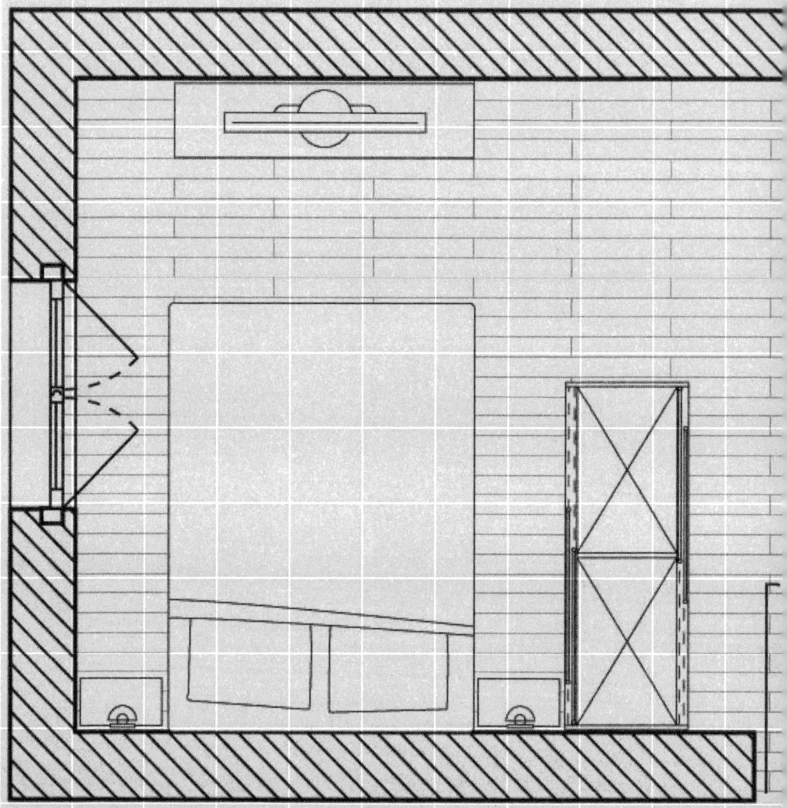

**NACHHER**

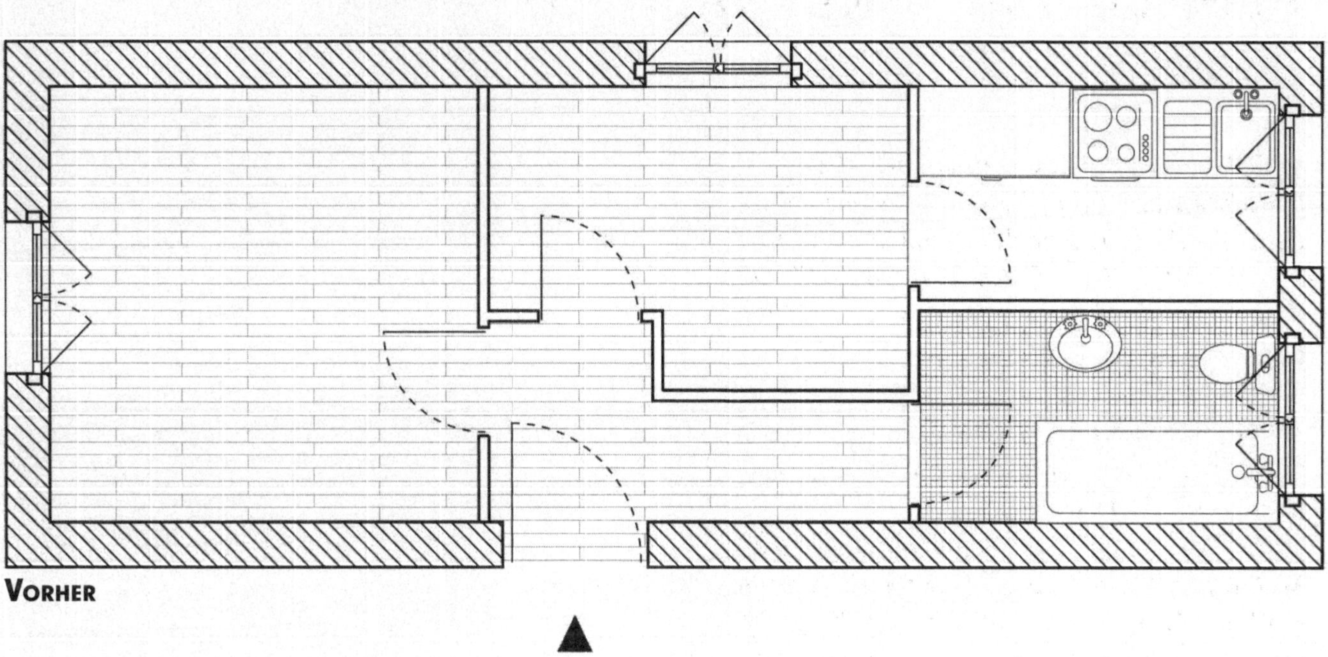

**Vorher**

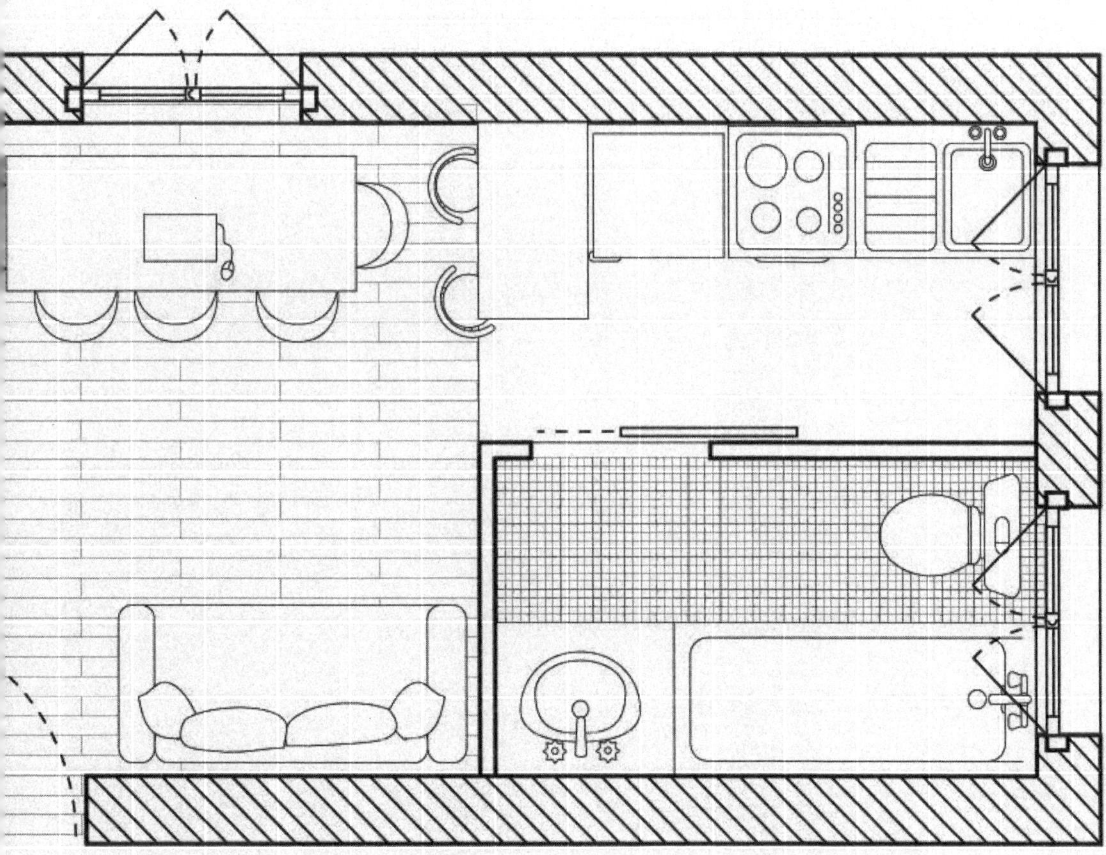

# PLANEN SIE IHRE WOHNUNG

► Zeichnen Sie den Grundriss Ihrer Wohnung (einschließlich Türen und Fenster) und orientieren Sie sich dabei an den Quadraten (1 Quadrat [1 cm] = 20 cm). Auf den Seiten 90–91 finden Sie verschiedene Muster von Möbeln und Einrichtungsgegenständen.

► Fotokopieren Sie die Elemente, die Sie benötigen, schneiden Sie sie aus und verwenden Sie sie als Modelle.

► Ordnen Sie die ausgeschnittenen Formen auf Ihren Grundriss an, um die Aufteilung und Einrichtung herauszufinden, die am besten zu Ihrem Raum passt. Probieren Sie mehrere Varianten aus, um alle Möglichkeiten auszuloten.

# PLANEN SIE IHRE WOHNUNG

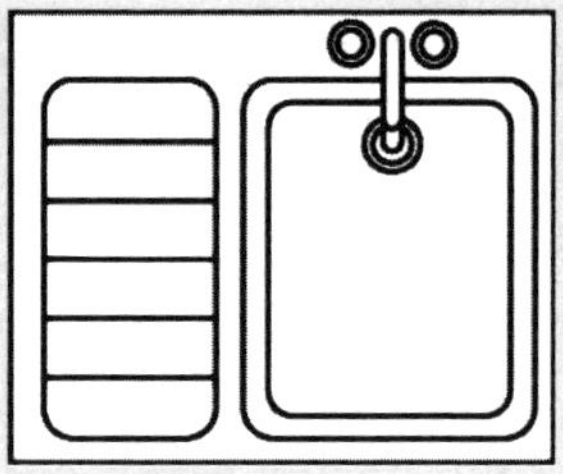

**Spüle, 75 x 60 cm**

**Duschwanne**
**90 x 90 cm**

**Handwasch-**
**becken**
**64 x 44 cm**

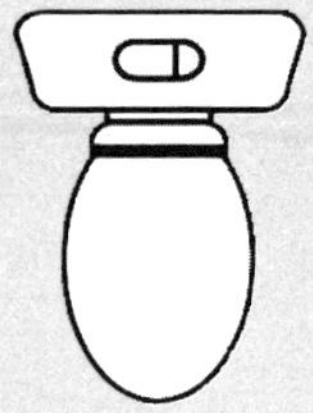

**Toilette**
**52 x 40 cm**

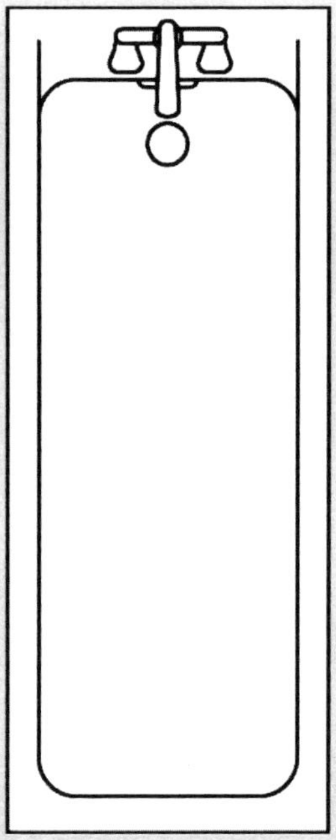

**Badewanne**
**168 x 68 cm**

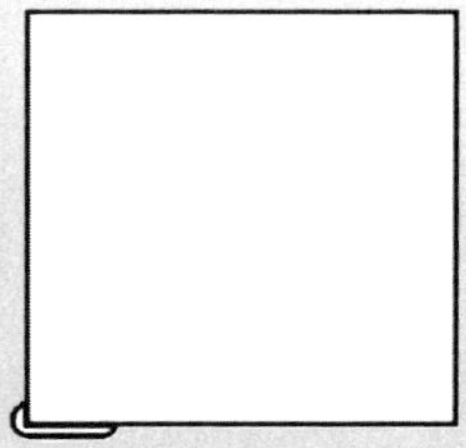

**Kühlschrank**
**60 x 55 cm**

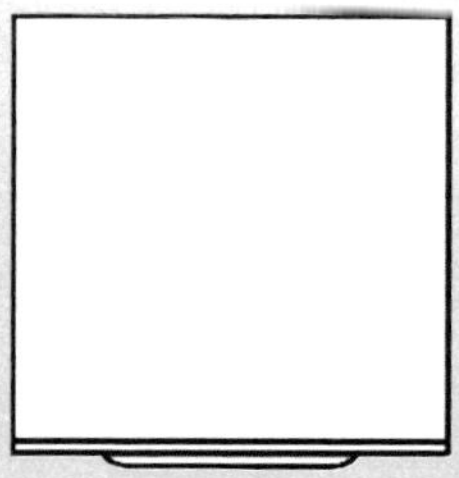

**Küchenunter-**
**schrank**
**60 x 60 cm**

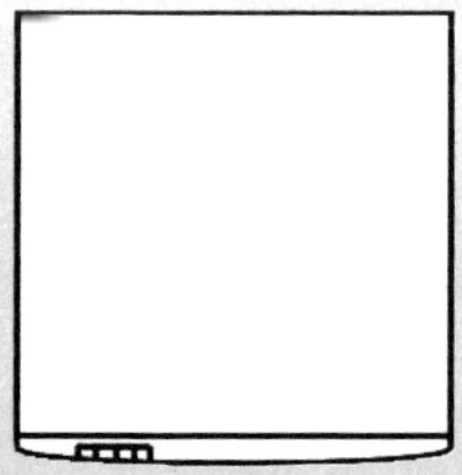

**Waschmaschine**
**60 x 60 cm**

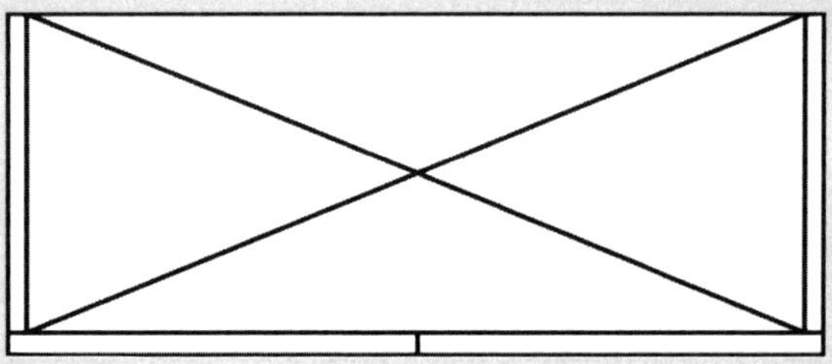

**Kleiderschrank**
**150 x 60 cm**

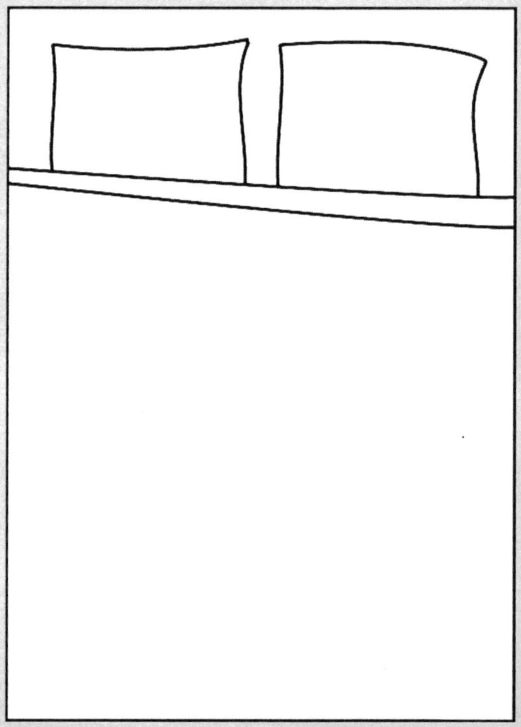

**Bett 140 x 190 cm**

**Paravent**
**3 Flügel**
**je 35 x 3 cm**

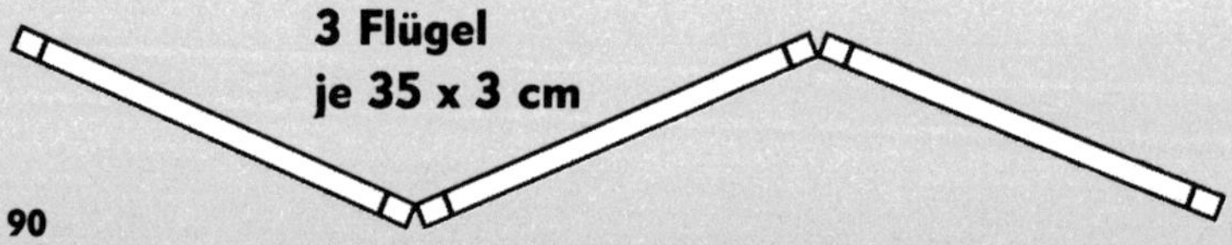

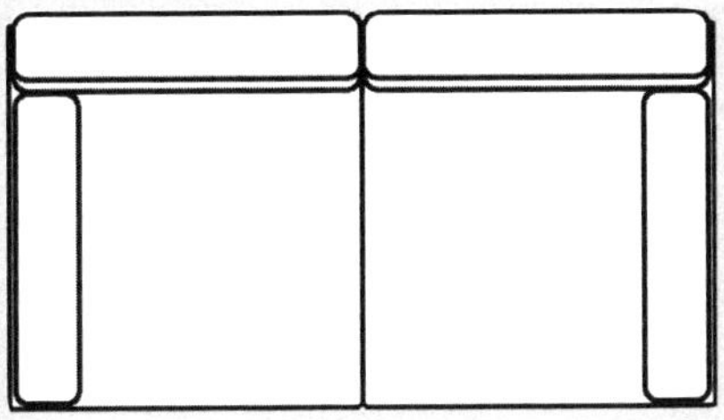

**Sofa 2-Sitzer**
**110 x 60 cm**

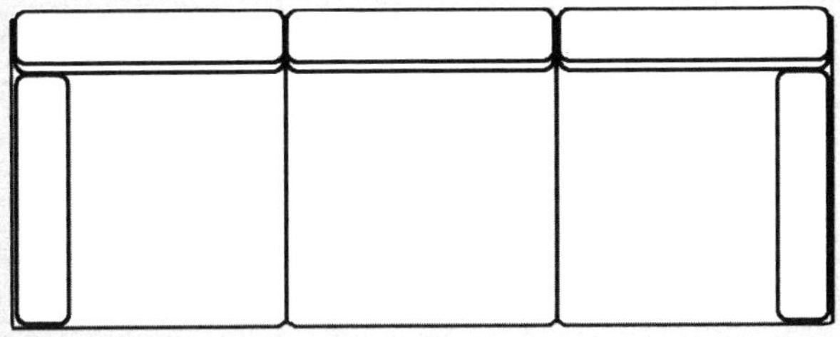

**Bettsofa**
**160 x 60 cm**

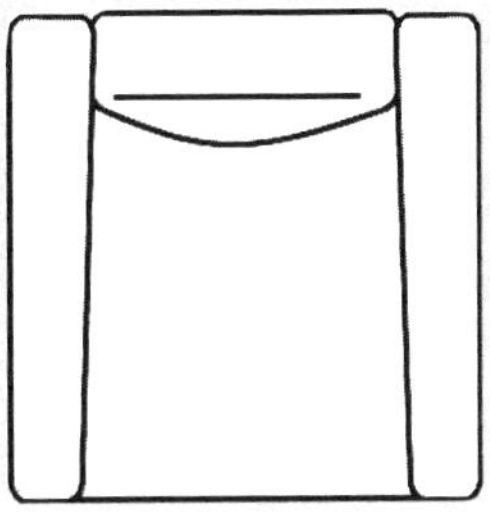

**Sessel**
**65 x 65 cm**

**Sitzhocker**
**60 x 60 cm**

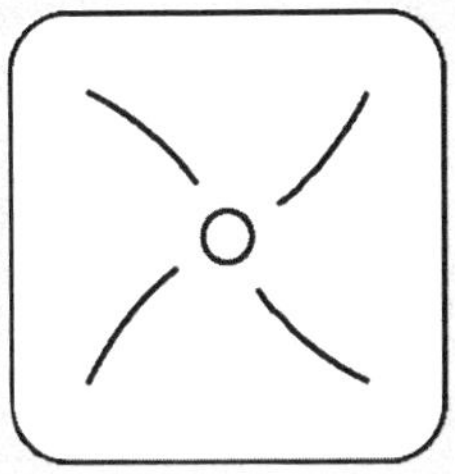

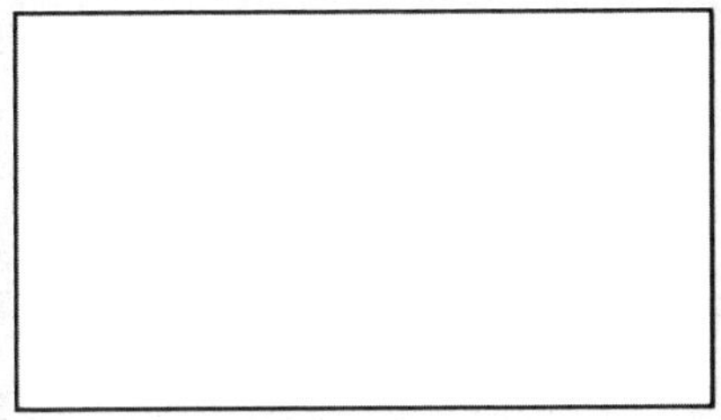

**Couchtisch**
**110 x 60 cm**

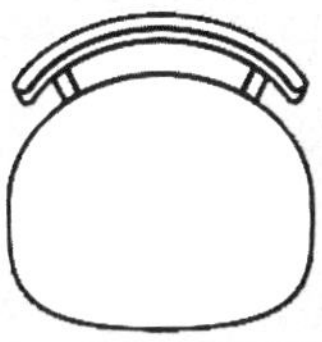

**Standardstuhl**
**35 x 40 cm**

**Regal 1 Modul**
**100 x 35 cm**

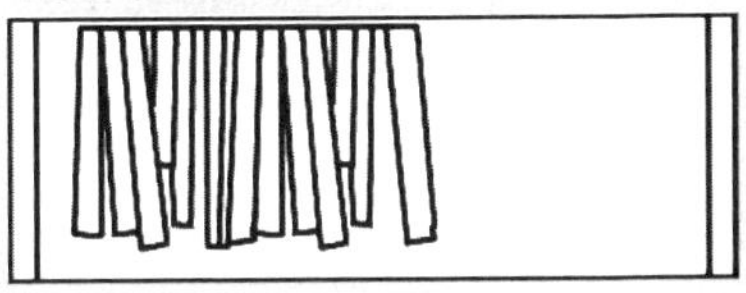

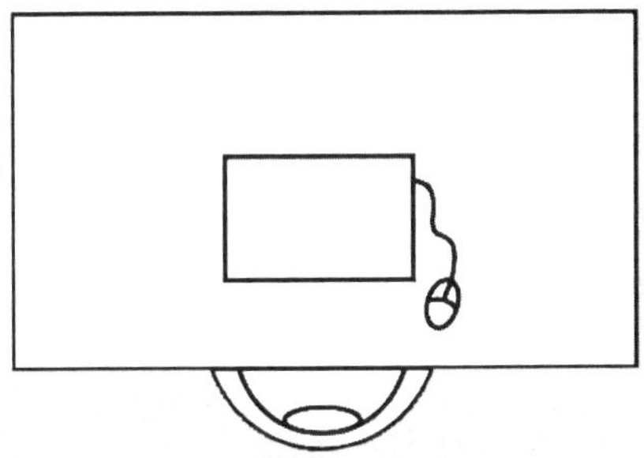

**Schreibtisch**
**110 x 60 cm**

**runder Tisch**
**100 cm**
**Durchmesser**

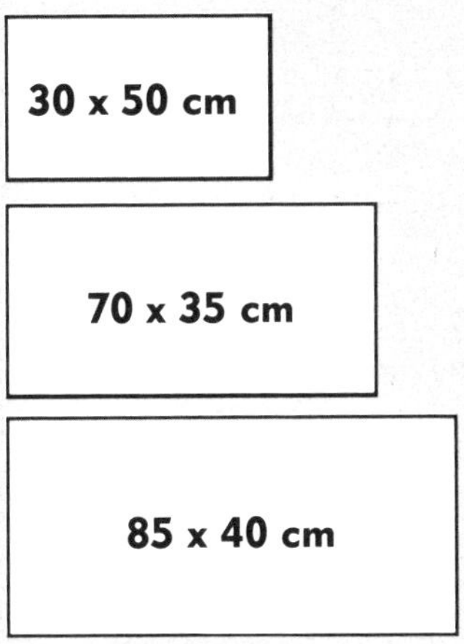


**Beistelltische**

**ausklappbarer Tisch**
**120 x 40 cm**
**(120 x 80 cm ausgeklappt)**

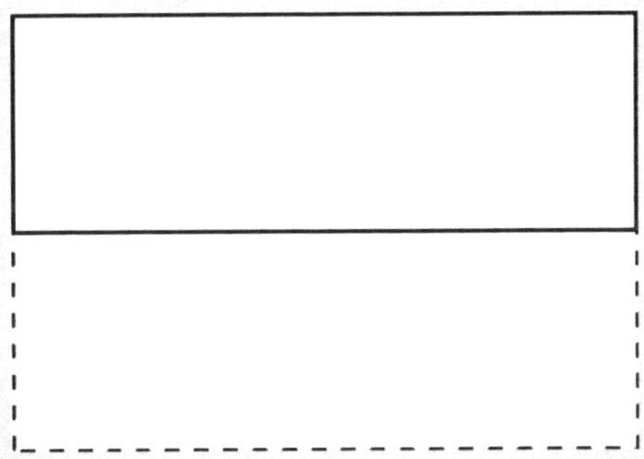

**Röhren-Fernseher**
**72 cm**

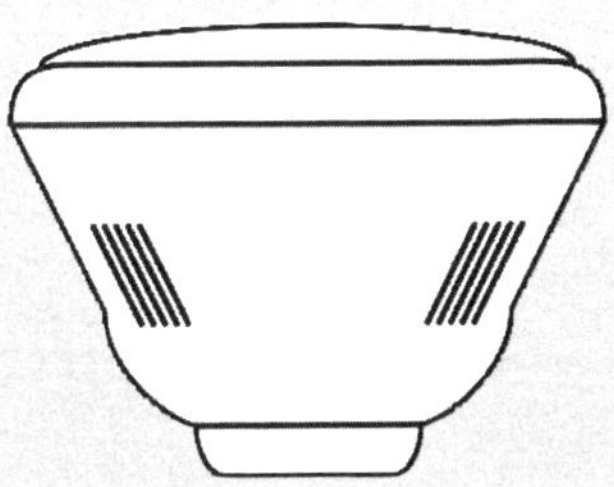

**Flachbild-Fernseher**
**72 cm**

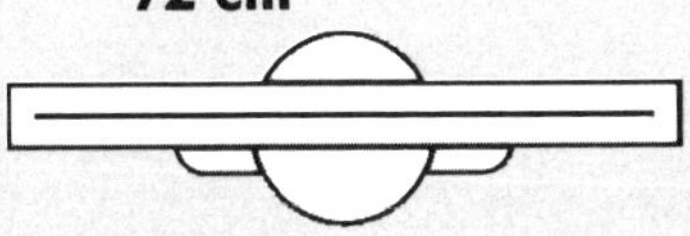

# GLOSSAR

**Beschichteter Bodenbelag:**
Bodenbelag aus mehreren Schichten unterschiedlichen Materials, dessen sichtbare Oberfläche aus Kunststoff besteht (Gegenteil: Dielenboden aus Massivholz).

**Boden nivellieren:**
Arbeitsschritt, um einen ebenen und glatten Boden zu erhalten, bevor er mit Fliesen oder Parkett belegt oder mit einem Anstrich versehen wird. Im Allgemeinen wird hierfür ein selbstnivellierender Mörtel verwendet.

**Dehnungsfuge:**
Eine ungefüllte oder mit dauerelastischem Material oder Styropor gefüllte Fuge, die durch Temperaturschwankungen, Quellen und Schwinden entstehende Risse verhindert, indem sich das Material in den Bereich der Fuge ausdehnen kann.

**Dimmer:**
Ein Dimmer ist ein Schalter zur stufenlosen Regelung der Lichtstärke eines Beleuchtungskörpers. Bei der Elektroinstallation kann man einen zentralen Dimmer einbauen lassen, der die Stärke aller Lichtquellen im Raum zugleich regelt.

**Epoxidharz:**
Kunststoff, der flüssig aufgetragen und gern bei der Renovierung und dekorativen Gestaltung von Böden eingesetzt wird. Epoxidharz besitzt eine starke Beständigkeit und ist sehr strapazierfähig. Man kann es bereits gefärbt kaufen oder selbst Pigmente zusetzen. Um es zu verarbeiten, benötigt man die Hilfe eines Fachmanns.

**Furnier:**
Oberflächenverkleidung aus einer dünnen Holzschicht.

**Furnierholz:**
Holzschicht wertvoller Holzarten, die auf preiswertere Hölzer oder Holzwerkstoffplatten geklebt wird.

**Gipskartonplatte:**
Gipskartonplatten bestehen aus einem mit Karton ummantelten Gipskern. Sie werden gern für Innenwände verwendet, da sie sich mit einem Teppichmesser oder einer Säge leicht auf Maß schneiden lassen.

**Holzfaserplatte:**
Holzfaserplatten werden aus zerfaserten Hölzern oder Spänen mit Bindemittelzusatz hergestellt. Dieses kostengünstige Material wird häufig zur Herstellung von Regalen aber auch für Innenwände verwendet.

**Italienische Dusche:**
Bodengleiche, geflieste Dusche ohne Duschwanne, deren Boden leicht in Richtung Abfluss geneigt ist.

**Linoleum:**
Bodenbelag aus Leinöl, Naturharzen, Holzmehl oder Kork auf einer Trägerschicht aus starkem Jutegewebe. Durch Zusatz von Farbpigmenten entstehen verschiedene Farbtöne und Muster.

**Melaminharz:**
Ein Kunstharz, das man zum Beispiel für die Herstellung von Kunststoffplatten (Schichtpressstoffplatten) verwendet. Melanimharzbeschichtete Oberflächen weisen eine hohe Kratzfestigkeit auf, sodass sie für die Oberfläche von Küchenfronten Verwendung finden.

**Mitteldichte Faserplatte (MDF-Platte):**
Platte aus feinstzerfasertem Holz und Bindemitteln, welche durch Verpressung hergestellt wird. Das Material, das in der Fläche kaum geschmirgelt werden muss, lässt sich lackieren, streichen oder lasieren.

**Phenolharz:**
Harter Kunststoff, der hitzeresistent und wasserfest ist. Verwendung findet Phenolharz in wasserfesten Lacken, aber auch als Bindemittel, zum Beispiel für Hartfaser- und Spanplatten.

**Raumteiler:**
Jede Art von Wand, die einen Raum in mehrere Bereiche unterteilt.

**Selbsttragende Trennwand:**
Wand, die keine Befestigung an umgebende Bauteile benötigt.

**Transluzente Stegplatten:**
Platten aus lichtdurchlässigem Kunststoff (beispielsweise Polycarbonat). Dieses äußerst solide Material isoliert besser gegen Kälte als Glas.

**Unterboden:**
Bodenfläche, auf der der Bodenbelag verlegt wird.

**Wandverkleidung:**
In der Küche zum Beispiel an der Wand hinter der Arbeitsfläche eine Verkleidung aus beschichtetem Material, das die Wand vor Spritzern schützt, die während der Zubereitung von Mahlzeiten auftreten.

# DANK

Unser Dank gilt allen, die uns ihre Türen geöffnet und ihre Wohnungen gezeigt haben. Danke an die Architekten, die uns ins Zentrum ihrer kreativen Arbeit geführt haben.

Jean-David Benhamou
(S. 2; S. 22–26; S. 64–70)

Jawed Bomare-Lecoffre
(Tisch, S. 27)

Agnès Cambus und Manuel Bonnemazou
(S. 2; S. 9; S. 28–34)

Anne Geistdoerfer und Flora de Gastines
(Zwischengeschoss, S. 57)

Matali Crasset
(S. 2; S. 36–40)

Anthony Chrétien
(S.10–14)

Pascal Grasso
(Möbel-Raumteiler, S. 71)

Karine Léopold und François Fauconnet
(S. 2; S. 42–46; Dachgebälk, S. 47 und S. 63)

Marco Mencacci
(S. 16–20)

Sébastien Ramseyer
(S. 2; S. 6–8; Trennwände, S. 47, S. 48 und S. 49)

Cyril Rheims
(S. 4; S. 9; S. 41; S. 50–56, Raumteiler mit Stauraum, S. 71)

Adrien Royer
(Beleuchtung hinter Trennwand, S. 15)

Samy Weissberg
(Trennwand, S. 48)

Danke auch an Extrême Décor-La tomette de Jouy (weiche Bodenbeläge, S. 21) und Espace Loggia (modulierbares Mobiliar, S. 57)

Danke an Anne Thomas-Belli für die fruchtbare Zusammenarbeit.
Danke an Agnès Busière für ihr Vertrauen.

Genehmigte Sonderausgabe

Titel der französischen Ausgabe: Déco à vivre – Les petites surfaces

Grundrisse: Arnaud Madelénat
Übersetzung aus dem Französischen: Anke Wellner-Kempf
Umschlaggestaltung: rincón2, Köln
Printed in Slovakia